Mynydd Epynt
a'r Troad Allan yn 1940

'MAE'N DDIWEDD BYD YMA...'

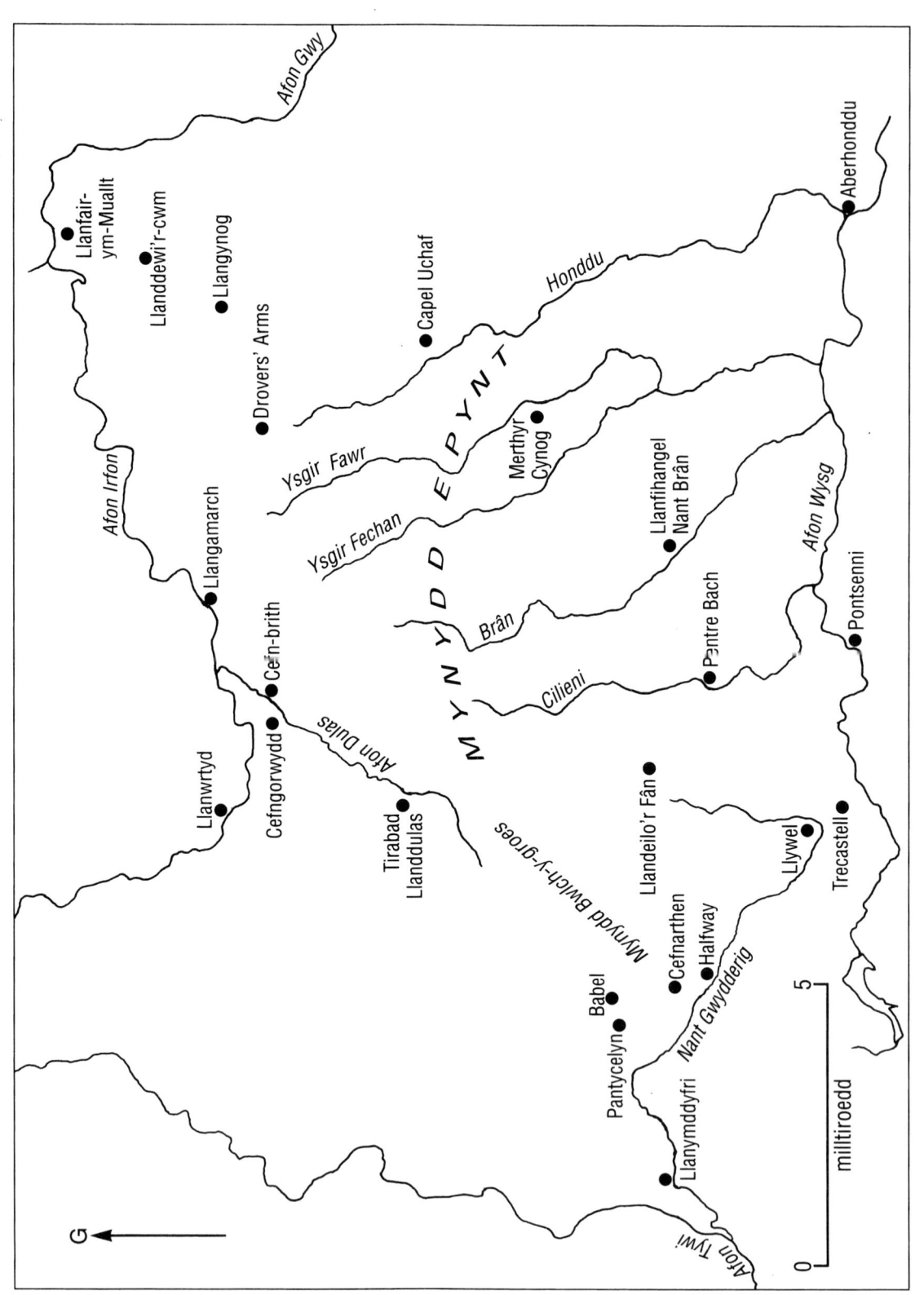

Mynydd Epynt
a'r Troad Allan yn 1940

'MAE'N DDIWEDD BYD YMA...'

HERBERT HUGHES

Cyhoeddwyd yn wreiddiol gan Wasg Gomer: 1997
Argraffiad newydd gan Y Lolfa: 2023

© Hawlfraint Herbert Hughes a'r Lolfa Cyf.

Mae hawlfraint ar gynnwys y llyfr hwn ac mae'n anghyfreithlon llungopïo neu atgynhyrchu unrhyw ran ohono trwy unrhyw ddull ac at unrhyw bwrpas (ar wahân i adolygu) heb gytundeb ysgrifenedig y cyhoeddwyr ymlaen llaw

Cynllun y clawr: Y Lolfa
Llun y clawr: Haydn Denman / Alamy Stock Photo

Rhif Llyfr Rhyngwladol: 978 1 80099 404 1

Cyhoeddwyd ac argraffwyd yng Nghymru gan
Y Lolfa Cyf., Talybont, Ceredigion SY24 5HE
gwefan www.ylolfa.com
e-bost ylolfa@ylolfa.com
ffôn 01970 832 304

I
Fy ngwraig, Diane, am ei hir amynedd

Cynnwys

Diolchiadau	9
Rhagair	11
Y Mynydd	13
Y Porthmyn	19
Bywyd Bob Dydd	23
Crefydd a'r Gymdeithas	42
Yr Ysgolion ac Addysg	62
Cymeriad neu Ddau	72
'Y Wasgarfa Fawr'	79
'Eu Tir a Gollant'	104
Atodiad A: Rhestr o Aelwydydd a Theuluoedd	107
Atodiad B: Athrawon Cilieni rhwng 1902 ac 1914	113
Atodiad C: Rhestr o daliadau am aflonyddiad a gwerth rhydd-ddaliad Cilfach-yr-haidd	114
Llyfryddiaeth	115

Diolchiadau

Carwn ddiolch i staff y sefydliadau a ganlyn am eu cymorth parod a graslon:

Amgueddfa Aberhonddu
Llyfrgell y Dref, Aberhonddu
Archifdy Powys, Llandrindod
Llyfrgell Genedlaethol Cymru
Adran Archifau, HTV
Adran Archifau, Amgueddfa Werin Cymru
Asiant Tiroedd y Weinyddiaeth Amddiffyn, Aberhonddu
Comisiwn Brenhinol Henebion Cymru
ac i'r Lefftenant Cyrnol R E Stafford-Tolley a Jonathan Jackson, Pencadlys Hyfforddiant y Fyddin, Pontsenni. I'r cyntaf am ddarparu cerbyd pwrpasol i'm cludo i gilfachau'r Epynt ar bedwar diwrnod gwahanol; ac i'r ail am yrru'r cerbyd trwy'r unigeddau a'm tywys yn ddiogel i bobman y dymunwn ei gyrraedd a rhannu o'i wybodaeth helaeth fel swyddog y raens. Profiad diangof oedd cael ymweld â chymaint o safleoedd yr hen gartrefi.

Diolch hefyd i Wasg Gomer am ymgymryd â chyhoeddi'r gyfrol ac yn arbennig i Dr Dyfed Elis-Gruffydd am ei gyfarwyddyd.

Rhagair

Yn 1940, meddiannwyd 54 o gartrefi'r Epynt gan y llywodraeth er mwyn defnyddio rhan helaeth o'r mynydd fel maes ymarfer milwrol. Gyrrwyd y teuluoedd oddi ar eu haelwydydd ar fyr rybudd; prin fu'r amser i chwilio am gartrefi newydd. Ar adeg dywyllaf y rhyfel a'r lluoedd Almaenig yn ymddangos yn anorchfygol, ychydig oedd diddordeb trwch y boblogaeth yn nhynged 219 o bobl a phlant a gafodd eu troi o'u cartrefi ar ryw fynydd anhygyrch yng nghanolbarth Cymru.

Dros y blynyddoedd, aeth yr hanes am yr hyn a ddigwyddodd yn angof, a dyna fu'r prif ysbardun imi ymchwilio ac ysgrifennu. Synnwyd fi gan yr anwybodaeth am a fu, hyd yn oed ymhlith Cymry, er bod Cymdeithas y Cymod wedi cynnal oedfaon cyson ar sail capel y Babell i gofio ac i dystio. Mae cyn-drigolion yr Epynt yn haeddu coffâd teilwng, a chyfraniad at hynny yw'r gyfrol hon.

Roeddwn yn ffodus fod y Cynghorydd Ronald Davies, Llanymddyfri wedi ysgrifennu cyfrol fach, *Epynt Without People*, a gyhoeddwyd gyntaf yn 1971, yn cynnwys llawer o wybodaeth sylfaenol, yn arbennig restr gyflawn o'r anedd-dai a'r teuluoedd a ddifeddiannwyd. Rwy'n dra diolchgar i'w weddw, Bronwen Davies, am ganiatâd i ddyfynnu ohoni. Trosiadau o waith Ronald Davies, ynghyd â'r darnau o'r *Brecon & Radnor Express* ac o *More Gathered Gold* etc., a ddyfynnir yng nghorff y gyfrol, a hynny er mwyn osgoi llethu'r darllenydd o Gymro â thalpiau o Saesneg.

Teg yw cyfeirio hefyd at lyfr rhagorol Capten Ronald G Church, *Sennybridge Training Area 1940-1990*. Sôn am yr hyn a ddigwyddodd dros hanner canrif o bresenoldeb y fyddin a wna ef, ond ceir ganddo wybodaeth achlysurol bwysig am yr ardal a rhai o'i phobl.

Roedd angen croniclo'r hanes mewn ffurf fwy cyflawn, a hynny yn Gymraeg, i gydnabod mai dyma iaith gyntaf bron pob un o'r trigolion. Dros gyfnod o dair blynedd cefais y fraint o gyfarfod nifer ohonynt a rhannu eu profiadau. Cefais gymorth parod nifer helaeth o bobl a gyfrannodd atgofion, lluniau a phapurau. Ar un ystyr, cywaith yw'r gyfrol. Carwn ddiolch o galon am y croeso a'r help a estynnwyd imi wrth imi ymgymryd â'r dasg. Byddai angen colofn faith i ddiolch i bob un wrth ei enw, ond nid yw fy niolch yn ddim llai am na wnaed hynny.

Siom, ar y diwedd, oedd gorfod haneru hyd y llyfr a ysgrifennwyd. Bu rhaid hepgor penodau'n trafod archaeoleg ac ecoleg, helwriaeth a cheffylau, y rheilffordd a gychwynnwyd ar draws y mynydd, yn ogystal â pheth gwybodaeth am y porthmyn a chyfres o erthyglau gan y Canon Josiah Jones-Davies, OBE, Llywel, fu'n guradur mygedol yr amgueddfa yn Aberhonddu ac a wnaeth gyfraniad mawr i hanes y sir. Ar achlysur cyhoeddi cyfrol Ronald Davies, ysgrifennodd gyfres o erthyglau i'r *Brecon & Radnor Express* yn trafod agweddau ar fywyd yr Epynt a'r hyn a loffodd oddi wrth ei gyfeillgarwch â John Davies, Bwlch-gwyn—cerddor, eisteddfodwr ac un o wŷr talentog y mynydd.

Gobeithio, er hynny, fod y gyfrol fel y mae'n rhoi peth o liw a blas y gymdeithas yma a gollwyd, ac o'r ymdrech i'w chadw, a'i bod yn deyrnged haeddiannol i bobl yr Epynt.

Herbert Hughes

Y Mynydd

Tipyn o syndod, wedi dechrau ar y gwaith o ymchwilio i'r hanes tu ôl i'r llyfr yma, oedd darganfod fod y talp o wlad a adwaenir fel Mynydd Epynt yn ddieithr i lawer. Wrth imi wneud ymholiadau ynglŷn â'i leoliad, 'rhywle i'r gogledd o Aberhonddu', oedd barn annelwig rhai; 'yng nghanolbarth Cymru', oedd ateb amwys eraill.

Fis Hydref 1993, mewn anerchiad grymus yn yr oedfa flynyddol a drefnir gan Gymdeithas y Cymod ar safle'r Babell, capel y Methodistiaid Calfinaidd ar y mynydd, rhoddodd Angharad Tomos ei bys ar y briw. Dyma ei geiriau agoriadol:

> Diolch am gael bod yma heddiw. Oni bai am y bererindod yma heddiw, wn i ddim lle baswn i, ond fyddwn i ddim yn y fan hyn. Fyddwn i'n dal heb fod yn siŵr lle mae Epynt, yn dal yn ansicr beth a ddigwyddodd yma. Fydda fo'n dal i fod yn un o'r llefydd hynny rydych chi wedi clywed rhyw sôn amdano, ac yn lled ymwybodol fod yna rhywbeth wedi mynd o'i le yno, ond gan nad oedd neb yn sôn am y peth, mae o'n rhan o niwl angof.

Yr hyn a ddigwyddodd ar yr Epynt yn 1940, mewn brawddeg foel, oedd i 219 o wŷr, gwragedd a phlant orfod gadael 54 o ffermydd a thyddynnod ar fyr rybudd, heb sicrwydd o gartrefi newydd, a hynny er mwyn rhoi lle i'r fyddin i ymarfer saethu magnelau.

Pwll Ffrwd ar yr Esgair Fawr. Haf 1995.

A bod yn fanwl gywir, mae'r hanes a drafodir yn y llyfr hwn yn ymwneud â dau fynydd. Un ohonynt, a'r ehangaf o bell ffordd, yw'r Epynt; ond mae'r llall, sef Mynydd Bwlch-y-groes, yn rhan annatod o'r stori. I bwrpas ysgrifennu'r hanes, pan gyfeirir at yr Epynt, fe gynhwysir gan amlaf Fynydd Bwlch-y-groes hefyd.

Y ffordd orau i ddisgrifio'r ardal yw meddwl am fynydd-dir cymharol uchel a chymoedd yn ymestyn i'w berfeddion: cyfanswm o ryw 60,000 o erwau. Mae ei oledd yn bennaf tua'r de, bron fel cledr llaw, gyda'r prif afonydd fel bysedd yn dirwyn i afon Wysg—(o'r dwyrain i'r gorllewin) Honddu, Ysgir, Brân, Cilieni a Chlydach. Treigla Gwydderig o'r Epynt trwy bentref Llywel tua'r gorllewin, gan dderbyn dyfroedd Dresglen a Gwennol ar ei hynt i'r Tywi. Yna, yn llifo tua'r gogledd, gan aberu i afon Irfon, ceir afon Dulas. Mae yna afonydd a nentydd llai yn rhedeg i'r prif afonydd, fel Eithrim a'r Fawen.

Ffordd arall o faentumio ehangder y mynydd yn fras yw meddwl am dirwedd ar ffurf sgwâr: i'r gogledd, y ffordd o Langamarch trwy Gefngorwydd i Dirabad; i'r gorllewin, ffordd y fyddin o Dirabad i Llywel; i'r de, y ffordd o Llywel i Aberhonddu; i'r dwyrain, y ffordd o Aberhonddu trwy Gapel Uchaf i Langamarch. Y man uchaf yw'r Tri Chrugiau, sydd 475 metr neu 1,546 o droedfeddi. Rhed Mynydd Bwlch-y-groes o'r gogledd i'r de ar ochr orllewinol yr ucheldir, gan oleddu i Gefnarthen a Chraig-y-widdon ac i Llywel a Llandeilo'r Fân. Heddiw mae'r Weinyddiaeth Amddiffyn yn berchen 30,027 o erwau ac yn dal 6,000 o erwau ar drwydded oddi wrth y Comisiwn Coedwigo, yn bennaf yng Nghoedwig Crychan.

Mae yna linell nodedig yn rhannu'r Epynt, sef yr hen dywodfaen micaol sy'n gwahanu'r Hen Dywodfaen Coch oddi wrth greigiau Silwraidd; llain gul ydyw, ychydig droedfeddi o led, yn ymestyn am filltiroedd ar draws yr Epynt, Mynydd Bach Trecastell (ar draws chwarel Halfway) a Mynydd Myddfai, gyda'r pridd coch ar un ochr iddi a'r pridd melyn yr ochr arall, ac mae'n dirwyn yn agos i Glwyd Bwlch-y-groes.

Llyn Login yn y gaeaf.

Ynys-hir. Meini o'r Oes Efydd.

Fel y gellid disgwyl mae'r mynydd yn ardal glaw trwm—rhwng 1,500 mm a 1,750 mm (tua 59 i 69 modfedd) y flwyddyn. Ceir cryn dipyn o dir corsiog a mawnogydd ac mae rhannau o'r mynydd hefyd yn agored i'r tywydd garwaf. Yn y cyswllt hwn anodd yw osgoi'r casgliad fod yr Epynt a'i dywydd wedi ffurfio rhan o ymwybyddiaeth William Williams o Bantycelyn ac wedi dylanwadu ar lawer o'i emynau. Nid yn unig roedd y mynydd i'w weld o'i gartref ond fe'i croesodd ugeiniau o droeon ym mhob tywydd. Yn ei ragarweiniad i'w gasgliad o weithiau'r emynydd, dywed Kilsby Jones, oedd yn adnabod yr ardal yn dda, am yr Epynt, 'Dros fryniau mwy llwmgroen, a mawndiroedd mwy corsog, nid wyf yn credu i frân o goedydd parc Glan Brân erioed ehedeg, na'r rhai a orweddant rhwng Cefn-coed [cartref Williams ar y pryd] a Llanwrtyd [lle roedd yn giwrad]. Tua deg i ddeuddeg milltir sydd rhwng y ddau le.'

Dyma'r daith a gymerai Pantycelyn o'i gartref i'w ofalaethau nid yn unig yn Llanwrtyd ond hefyd yn Llanfihangel a Llanddewi, Abergwesyn, a hynny am gyfnod o dair blynedd. Ond fe fyddai galw arno i groesi rhannau o'r Epynt yn gyson weddill ei oes i bregethu a chynnal seiadau i'r gogledd a'r dwyrain.

Yn ddiddorol iawn, yn *Brycheiniog*, cyfrol XVII, ceir erthygl gan H A Hodges, Athro Athroniaeth ym Mhrifysgol Reading, gŵr a fynnodd ddysgu Cymraeg, yn trafod yr agwedd 'fynyddig' yn emynau Williams. Yn 'Over the Distant Hills' cawn y geiriau hyn:

> Behind all these hymns of long-deferred hope, the Welsh landscape perpetually asserts itself, the hills and the changeful weather. Often we find that the pilgrim is travelling by night, perhaps a stormy night with chilly adverse winds . . . or perhaps it is not night, but he is journeying through stormy weather, under black clouds . . .

Gyrrwyd finnau'n ôl at yr emynau a synnais weld cyfeiriadau lled aml at fynyddoedd, bryniau, ffynhonnau, teithiau, cymylau, awelon, dringo etc. Wrth gwrs, mae yna ddimensiwn Beiblaidd i nifer o'r delweddau hyn, ond mae awyrgylch y mynydd yma hefyd.

Mae tystiolaeth archaeolegol fod pobl yn byw ar yr Epynt yn ystod yr Oes Efydd, ac mae'n amlwg iddo fod yn groesfan bwysig dros y canrifoedd. Yn 1940, gan ragdybio dinistrio'r fan gan fagnelau, cafwyd archwiliad archaeolegol manwl a gofalus i'r crug a'i gylch yn Ynys-hir. Dr George Dunning fu'n gyfrifol am y cloddio a darganfu ddwy gladdfa amlosg—un ohonynt yn cynnwys esgyrn menyw ifanc, olion ei dillad (o wlân, mae'n debyg), cwpan pigmi—ac yn ddiddorol, dwy glain, un o grochenwaith a'r llall o lo caled. Dyma'r enghraifft gyntaf o ddefnyddio glo caled yn yr ynysoedd hyn. Gellir dyddio'r gladdfa rhwng 1000 ac 800 cyn Crist.

Ond er bod yr Epynt yn groesfan bwysig, ddigon hawdd, er hynny, oedd mynd ar goll yn ei unigeddau, fel y dengys (Syr) John Lloyd wrth hel atgofion yn 1912:

> Mae gen i un atgof sy'n werth ei rannu. Tua 1860 oedd hyn a minnau ar fy nhaith ar gefn merlen o'r Dinas ger Aberhonddu i Lanwrtyd i arolygu gwahanol weithgareddau yno . . . fel y ffordd i Abergwesyn. Penderfynais deithio o Aberhonddu trwy'r Bont-faen dros yr Epynt i Gefngorwydd. Ac edrychwn ymlaen at groeso Dolgoed.
>
> Gan amlaf byddwn yn gadael cartref (Y Dinas) am 2.00 pm gan roi tair awr i deithio'r 19 milltir er mwyn cyrraedd cyn nos. Un prynhawn, pan oeddwn wedi cyrraedd crib y bryn uwch Coedcae ar yr Ysgir Fechan, cefais fod niwl trwchus wedi cripian dros y gwastadedd mynyddig rhyngof a llwybr y gwarthed a redai yn groes i fy llwybr i. Ceisiais farnu'r pellter orau y gallwn, ond trwy ryw anghaffael fe suddodd y cob at ei chenglau mewn cors feddal, ddu, heb fedru symud. I ddim diben, ceisiais annog y gaseg i ymdrechu i ryddhau ei hunan; ond safai yn swith a disymud ac yn amlwg wedi ei dychryn y tu hwnt i bob mesur. Roedd y nos ar syrthio arnom. Beth oedd i'w wneud? Yna fe gofiais am yr hen Ddafydd, a phenderfynais ymlwybro i'w fwthyn i geisio cymorth. Rhywfodd teimlwn mai angharedig oedd gadael yr anifail yno wrthi ei hunan!
>
> Ond gwneuthum y peth iawn. Deuthum o hyd i Ffynnon Dafydd Bifan yn fuan, ac yng ngŵydd yr hen ŵr, a'i fab a bechgyn o bob oedran, gan gynnwys gwraig y mab, fe ddywedais fy stori, ac fel roedd fy nghyffyl wedi ei dal yn dynn yn y siglen. Gwyddai'r hen Ddafydd a'i fab am y lle yn iawn. Nid oedd angen ar imi boeni, meddent, a gwell i mi fyddai cerdded ymlaen i Ddolgoed, rhyw bum milltir i ffwrdd, ac y byddent hwy yn dwyn fy nghyffyl yno bron gynted ag y byddwn i yno! Ymatebasant fel pe bai hyn yn ddigwyddiad beunyddiol, ac yn wir nid oeddem prin wedi gorffen swper nad oedd sŵn carnau yn taro'r ffordd y tu allan i'r gwesty, ac felly dychwelyd fy nghaseg yn ddiogel i'w pherchennog yn ddim gwaeth oddi wrth yr hyn a ddigwyddodd iddi.
>
> Mae'n debyg fod y teulu cyfan wedi mynd at y gors, a rhai wedi dwyn rhedyn, eraill frwyn—a'u gosod o dan goesau blaen yr anifail, gan roi troedle gadarn iddi, ac yna, gyda rhai wrth y pen ac wrth y gynffon, maent gyda'i gilydd yn gwthio a thynnu a thynnu; mae'r gaseg yn ennill hyder ac yn gwneud ymdrech fawr, ac allan y daeth ar terra firma!

Nid yw'n fynydd creigiog, ysgythrog—y rhan serthaf yw'r ochr ogleddol ac yn arbennig Cwm y Graig Ddu a amgylchynir gan y ffordd rhwng Capel Uchaf a'r Garth ar y B4519. Ond mae'n fynydd eang, gyda llawer o swyn a chyfaredd encilgar—gwlad ardderchog i'w cherdded a'i marchogaeth, pe bai hynny bellach yn bosibl. Arferai fod yn gyrchfan i helwyr ac yn dynfa i adaregwyr. (Yn 1982 cofnododd Martin Peers, adaregwr lleol, 90 math o adar oedd un ai'n nythu ar yr Epynt neu a welwyd arno. Nodwn hefyd fod Patrick Wisniewski yn 1981 wedi cofnodi 173 o fathau o goed a phlanhigion yng nghymoedd Cilieni a Brân.)

Ffynnon Dafydd Bifan, diwedd y 1930au.

(*Amgueddfa Werin Cymru*)

Arferai'r cymoedd ar y tir coch i'r de fod yn hynod o gynhyrchiol, ac mae'r ucheldir yn fagwrfa iach i ddefaid. Caniateir i ddefaid fod ar y mynydd o hyd ac mae dros 40,000 ohonynt yn pori arno. Ond cynefin merlod, yn fwy na dim, a fu ers cyfnodau cynhanes, nes i bob ceffyl orfod ymadael trwy orchymyn y fyddin yn 1940 . . . er bod yna stori am un stalwyn gwyn a lwyddodd i ddianc rhag pob ymgais i'w ddal a rhag y magnelau o'i gwmpas, a hynny tan 1954!

Roedd marchogaeth yn rhan o ddiwylliant naturiol yr ucheldir, ac wrth gwrs mae enw hynafol y mynydd yn awgrymu pwysigrwydd y ceffyl dros filoedd o flynyddoedd. Ystyr 'Epynt' yw 'llwybr neu hynt yr ebolion'. Hynt y milwyr ydyw bellach.

Nid yw'r Epynt yn fynydd y medrir ei amgyffred yn glir o'r tu allan—nid yw'n cynnig wyneb na phroffil amlwg. O'r awyr y gellir orau ei ganfod, mae'n siŵr. Ar y llaw arall, mae golygfeydd godidog yn eu cynnig eu hunain i bedwar ban o'i drumiau.

Nid ardal glir ei therfynau yw'r Epynt. Nid oes yno bentref, er bod nifer o bentrefi ar y cyrion. Dyma'u henwau (yn wrthwyneb i'r cloc): Llywel, Llandeilo'r Fân (neu Pentre Uchaf), Llanfihangel Nant Brân, Merthyr Cynog, Capel Uchaf, Llangamarch, Cefngorwydd a Thirabad (neu Landdulas). Y plwyfi sy'n rhannu'r mynydd rhyngddynt yw Llywel, Llandeilo'r Fân, Llanfihangel Nant Brân, Aberysgir, Merthyr Cynog, Gwenddwr, Llangynog, Maesmynis, Llangamarch (Penbuallt) a Thirabad.

Yn yr Oesoedd Canol adwaenid Llandeilo'r Fân fel Llangwrmaeth (sant, mae'n debyg, oedd Gwrmaeth) oblegid yn Llyfr Llandaf (tua 1135) ceir amlinelliad o derfynau'r plwyf dan yr enw hwnnw. Cyfeirir yno at nifer o nentydd (e.e. Eithrim, Dingad, Cene, Clydach) a bryniau (e.e. Bryn Bugeiliaid, Crug Hisbern, Carn Erchan, Blaen Mawen), ac mae nifer o'r enwau hyn wedi goroesi. Cyfeirir hefyd at afon Cilieni, enw fydd yn mynnu ein sylw droeon yng ngweddill y llyfr.

Cyfeiria'r Canon Jones-Davies at nifer o ffynhonnau iacháu a fodolai ar yr Epynt—pob un ohonynt ar yr ochr ogleddol. Yr enwocaf oedd Ffynnon Trelaeth. Cwynai Brutus yn *Yr Haul*, yn ei ymosodiadau ar Anghydffurfwyr ei ddydd, fod pobl ifanc o gapeli Pentretŷ-gwyn a Chefnarthen yn gwastraffu eu hamser ar brynhawniau Sul yn chwarae o gwmpas y ffynnon. 'Roeddynt yn chwarae, sgrechian ac yn taflu dŵr at ei gilydd, a phethau cyffelyb.' Dywed mai yn 1853 y daeth i fod fel hyn. Dywed Jones-Davies ar dystiolaeth John Davies, Bwlch-gwyn fod:

> . . . pobl yr Epynt, ac yn arbennig y bobl ifanc, yn arfer ymgynnull ger Ffynnon Trelaeth bob dydd Sul o ganol Mehefin hyd fis Medi (os byddai'r hin yn ffafriol) i yfed dŵr o'r ffynnon, i gynnal eisteddfodau, i drefnu gemau fel *Bobby Bingo*, cusan mewn cylch etc., a coets, neidio a rhedeg i'r bechgyn, a gwau i ferched. Ac wrth gwrs roedd rhywfaint o ganu emynau wrth y ffynnon, gyda Rees Williams, Nant Tyrnor yn arwain. Byddai yno tua hanner cant o bobl gan amlaf, ac ar y Sul cyntaf yn Awst byddai'r rhif yn cynyddu i 150 a mwy . . . Enwau rhai o'r ffynhonnau eraill oedd Ffynnon Traed, Ffynnon Llygaid a Ffynnon Deirton (neu Dortiog).

Y Porthmyn

Ni fyddai dweud stori'r Epynt yn gyflawn heb gyfeirio ato fel man cyfarfod pwysig i'r porthmyn Cymreig ar eu ffordd o'r gorllewin a'r de-orllewin i Loegr. Deuent hefyd o ogledd-orllewin Ceredigion, a hyd yn oed o dde Meirionnydd, os yw tystiolaeth ddiweddarach yn arwydd o batrymau porthmona cyfnodau cynharach. Yn ei lyfr rhagorol *Crwydro Brycheiniog* cawn ddisgrifiad o'r llwybrau ar draws y mynydd gan Alun Llywelyn Williams. Gofidia fod y gwaith o gerdded y trumau bellach yn waith peryglus, a thrueni am hynny gan mai 'gwlad i'w cherdded a'i marchogaeth fu hon erioed'. Ychwanega:

> Buasai'n hyfrydwch gallu dilyn yn rhydd rai o'r hen lwybrau, yn enwedig llwybrau'r porthmyn. Mawr fu eu trwst hwy unwaith a Thirabad yn gyrchfan pwysig i'r gyrroedd o bob rhan o'r wlad. Yma y deuent o Lanymddyfri, trwy Bentre-bach a'r Felindre (Halfway) yng Nghwm Gwydderig a thros Gefn Arthen; ac o Geredigion, trwy Gaeo a Chil-y-Cwm a hyd Cefn Llwydlo. Ac o Dirabad â'r porthmyn a'r gyrroedd ymlaen dros Fynydd Epynt, a hyd heddiw gellir dilyn eu trywydd, nid yn unig ar y ffyrdd glas, ond hefyd wrth enwau'r tafarndai, rai ohonynt yn ddim ond adfeilion mwy, a ddisychedai'r gwŷr da, os nad eu hanifeiliaid hefyd, ar y daith—Tafarn-y-mynydd, ryw dair milltir o Landdulas, Tynymynydd neu'r Drovers' Arms . . . ar y ffordd rhwng Dyffryn Honddu a Llangamarch, a thafarn Cwm Owen ger Nantyroffeiriad. Disgyn yna trwy'r cwm hwnnw, heibio i Wenddwr, ac i lawr i Errwd, lle croesid afon Gwy dros y rhyd a'u harweiniai i wlad Elfael a Chastell-paen a Rhydspens. Rhyfedd meddwl fod tair tafarn yn y dyddiau hynny ar yr unigeddau hyn, o fewn wyth milltir o daith, dwy ohonynt yn bedwar cant ar ddeg o droedfeddi uwchben y môr, a'r drydedd fawr yn is yn y byd. Digon prin fod neb yng Nghymru heddiw'n drachtio'r cwrw coch mor agos at y nefoedd. Yr unig un ohonynt sy'n agored heddiw yw tafarn Cwm Owen, a dyn a ŵyr pwy sy'n mynychu honno gyda'r nos, os na chedwir hi yno ar gyfer ambell fagnelwr coll. Saif y dafarn hon ar ymyl y ffordd o Lanfair-ym-Muallt i Aberhonddu ond fod ei henw bellach wedi ei newid i'r Griffin Inn.

Mae'n werth nodi fod y porthmona cymharol ddiweddar yma'n dilyn llwybrau oedd wedi bod yn hen gynefin, hwyrach o'r Oes Efydd a chynt, pan oedd tramwyo ar yr ucheldir yn haws na cherdded ar lawr gwlad. Mae'n amlwg fod yr Epynt yn fan cyfarfod nifer o ffyrdd pwysig dros y canrifoedd ac nid yw'n anodd meddwl am Dynymynydd (y Drovers' Arms) fel cyffordd hynod o ffyniannus yn croesawu gyrroedd o wartheg yn teithio o'r gorllewin i'r dwyrain ac ar yr un pryd yn arhosfa naturiol ar y ffordd o'r de i'r gogledd, o Aberhonddu i'r Garth a Llanwrtyd.

Wrth grynhoi deunydd at y bennod hon cefais dystiolaeth annisgwyl gan David Jones, yr Hen Bost, Abergwesyn. Danfonodd ataf nifer o ddalennau teipysgrif yn sôn am ei brofiadau'n llanc ifanc fel cynorthwywr i'r porthmyn oedd yn dal i ddefnyddio'r un ffyrdd o'r gogledd i'r de hyd at ugeiniau'r ganrif hon. Yn yr erthygl hon, 'Recollections of Sheep-droving Over the Epynt', ceir, er enghraifft, gyfeiriadau at nifer y defaid a yrrwyd dros y mynydd ar wahanol adegau ac at y lloches a'r llety a estynnid i'r porthmyn yn Nhynymynydd. Dyma un o'i atgofion:

> Fy nhaith gyntaf i Aberhonddu fel porthmon oedd Tachwedd 14, 1923, pan oeddwn yn 17 oed. Y ddau ddelar oedd Mr David Davies, Poityn, Llangamarch a Mr John George, Pen-y-

Mrs Caroline Evans a'i mab, Jack Evans, y Drovers' Arms. (Buddai gnoc sydd o flaen Mrs Evans.)
(*Amgueddfa Werin Cymru*)

wern, Llanilar. Roedd gan Mr David Davies gyfranddaliadau yn nefaid y Fanog, y fferm lle roedd fy nhad yn bugeilia.

Y diwrnod hwn roedd y bugail arall a minnau wedi dwyn y gweddrod o'r Fanog i'r Garth. Roedd dau braidd arall hefyd. Fy mhartner oedd David Isaac o Langwyryfon. Os oedd yn brin o ddyn i fynd i Aberhonddu, fe fyddai'n gofyn i mi i fynd.

Ar ôl brecwast o gig moch cartref a dau wy—roedd bwyd rhagorol yno—cychwynasom am Aberhonddu; gyrr o tua 700 o ŵyn. Yn fuan, dechreuodd lawio, ac roedd yna wynt cryf cyn inni gyrraedd Tynymynydd. Erbyn hynny roeddwn yn wlyb at fy nghroen. Roeddem yn falch o weld tân cryf a chael croeso cynnes iawn gan wraig y dafarn, Mrs C Evans, a'i mab John. Fel roedd hi'n digwydd doedd na ddim porthmyn eraill y diwrnod hwnnw, ac felly fe gawsom y tân i ni ein hunain. Fe sychais yn iawn ac fe gefais bâr o sanau gan Mrs Evans, rhywbeth nad anghofiaf byth. Yna fe gawsom ni baned o de, bara cartref a menyn a dau wy wedi eu berwi; pryd hyfryd dros ben. Roedd hi braidd yn gynnar i gael ail frecwast, ond doedd 'na unman arall i gorlannu'r defaid ar y ffordd i Aberhonddu.

Ar ddiwedd ei erthygl ddiddorol cyfeiria Mr Jones at ddigwyddiad arall:

Yn 1940 roedd eisteddfod yn y Capel Uchaf, ac roedd parti ohonom yno o Abergwesyn, y noson cyn arwerthiant Tynymynydd—ac felly galwasom heibio i ddweud ffarwél wrth Mrs Evans ac i ddiolch iddi am ei lletygarwch, a fwynheais pan arferwn borthmona i Aberhonddu. Felly fe fu inni ddweud ein ffarwél. Ond wedi inni fynd allan cyrhaeddodd Mrs Jones o'r Swan Hotel, Llanfair-ym-Muallt, a'i merch Mrs Lang sy'n byw yn Llanfair heddiw. Ac wrth gwrs roedd yn rhaid inni fynd i mewn eto am ddiod arall!

Dyma, efallai, dystiolaeth y porthmon olaf i groesi'r Epynt.

Cyfeiriwyd eisoes at sylwadau Alun Llywelyn Williams am lwybrau'r porthmyn dros y mynydd. Mae'n werth dyfynnu hefyd sylwadau R T Jenkins yn *Y Ffordd yng Nghymru*:

Nid oes ardaloedd yng Nghymru'n enwocach am ei hanifeiliaid na'r 'Tair Sir'—Aberteifi, Caerfyrddin a Phenfro. Y man cyfarfod iddynt hwy yw Llanymddyfri. Yno y cyrcha gyrroedd Gogledd Penfro a Sir Gaer, trwy Arberth a Chaerfyrddin. Yno hefyd y daw pobl gwaelod Sir Aberteifi, trwy Lanybydder a Llansawel. O Lanymddyfri awn ar hyd y ffordd fawr i'r Felindre, yna codi tua'r gogledd dros afon Gwydderig a thros Gefnarthen (yn agos i gartref Williams Pantycelyn) ac o'r diwedd i Landdulas. Yno cyfarfyddwn â gyrroedd o ganolbarth Ceredigion, wedi dod o Lanbedr heibio i Bumsaint a Chaeo ('Cynwyl Gaeo' yw'r enw llawn—lle hynod am ei borthmyn) a Chil y Cwm, a Thafarn Talgarth yng Nghwm Brân. [Dylid gwahaniaethu rhwng y Brân yma a'r Brân sy'n rhedeg o'r Epynt i'r Wysg.]

O Landdulas gyda'n gilydd i fyny Mynydd Epynt, i'r Drovers' Arms ar Bencenffordd (Pen y Gefnffordd)—yno y gwelwn yrroedd Tregaron wedi dod trwy Abergwesyn; croesi'r ffordd fawr (sy'n mynd o Aberhonddu i Lanfair-ym-Muallt), a chyrraedd afon Gŵy yn y lle a elwir Errwd. Y mae rhyd ar afon Gŵy, ond afon wyllt yw hi ar dywydd glawog, a'r pryd hynny y mae'n rhaid wrth gwch.

Pwll Ffrwd ar yr Ysgair Fawr. Haf sych 1995.

Pwll Cam ar yr Ysgair Fawr.

Wrth sôn am y man croesi cawn gyfeiriad at Gaban Twm. Mewn dychymyg hanesyddol ychwanega R T Jenkins, 'Y mae yno hen greadur od o'r enw Twmi Bach, a chanddo "Gafan" (cafn—sef cwch a gwaelod fflat iddo, math o rafft); a chyst inni lawer o amynedd, ac o arian o ran hynny, i gael y gwartheg dros yr afon yn ddianaf.' Ychwanegir ganddo fod cryn gario gwartheg mewn llongau dros Fôr Hafren, o Aberddawan a lleoedd eraill. 'Ond i Fryste a Gwlad yr Haf y bydd y rheiny'n mynd, gan amlaf. I fyny trwy ganol Cymru, dros Epynt a thrwy Faesyfed, y mae'r dramwyfa ramantus o'r Deheudir i Lundain a Dwyrain Lloegr.'

Arwydd o lwyddiant porthmona oedd sefydlu Banc yr Eidion Du yn Llanymddyfri yn 1799. Yn wir, adlewyrchir pwysigrwydd hwsmonaeth y porthmon a'i gysylltiad â'r dref honno yn y chwe phennill 'Cynghor i'r Porthmon' a gyhoeddwyd yn *Canwyll y Cymru*, gan ficer y dref, Rhys Prichard, mor gynnar â dechrau'r ail ganrif ar bymtheg. Dyma un pennill:

> Os 'dwyt borthmon, delia'n onest,
> Tâl yn gywir am a gefest,
> Cadw d'air, na thorr d'addewid,
> Gwell nag aur mewn côd yw credid.

Anogaeth i onestrwydd a geirwiredd a geir ganddo, ond y tu cefn i'r moesoli ceir cipolwg ar bwysigrwydd y porthmon fel catalydd masnachol yn ei ddydd. Yn ogystal, roedd yn gyfrwng i sianelu syniadau gwleidyddol a chrefyddol newydd i'r wlad, ac enghraifft dda o hynny yw Dafydd Jones o Gaeo, cyfieithydd emynau Isaac Watts, yn y ddeunawfed ganrif. Byddai ef yn dra chyfarwydd â chroesi'r Epynt, a bron na fedrir clywed cri'r porthmon yn ei addasiad godidog o Salm 23:

> Fe'm dwg i'r lleoedd da,
> Lle tyf y borfa nefol,
> Lle llifa'r iachawdwriaeth lawn,
> A'r dyfroedd rhadlawn bywiol.

Bywyd Bob Dydd

Yn y bennod hon anelir at greu darlun o fywyd ar yr Epynt ar ddiwedd y ganrif ddiwethaf ac yn ystod deugain mlynedd cyntaf y ganrif hon—cyn troi'r trigolion oddi yno. Defnyddir cyfweliadau, gan gynnwys rhai a recordiwyd ac sydd yn yr Amgueddfa Werin yn Sain Ffagan, ynghyd â deialog ar ffilmiau teledu ac mewn dogfennau ysgrifenedig. Nid y bwriad yw sôn am holl rychwant bywyd gwledig gan fod llawer ohono'n gyffredin i ardaloedd mynyddig ledled Cymru ac mae nifer o lyfrau rhagorol wedi eu cyhoeddi amdano. Yn hytrach, ceisiwyd enghreifftio, trwy eiriau'r cynfrodorion eu hunain, beth o flas y bywyd hwnnw a'r hyn a olygai iddynt hwy.

Dyma rai o atgofion Annie Mary Williams a gafodd ei magu yn Tir-bach.

> Roedd y pridd coch yn darparu'r llysiau gorau imi erioed eu blasu; nid wyf erioed wedi blasu moron a thatws newydd fel rhai Tir-bach! Roedd y gwrychoedd yn darparu coed cyll a llawer o flodau, a'r ddraenen ddu yn cynnig ei gloddest o flodau gwynion ac yn gwahanu'r caeau cymharol fach. Yna, ychydig yn ddiweddarach, ceid y rhosyn gwyllt prydferth a'r gwyddfid yn persawru'r awyr iach gydag aroma na fedrid ei gael â'r persawr Ffrengig mwyaf drudfawr.
>
> . . . Byddai pob ffermwr a'i wraig yn mynd i drafferth mawr i osod gardd dda fyddai'n darparu llysiau a ffrwythau meddal am y flwyddyn. Ceid digon o eirin Mair a chyrens duon i wneud pasteion a jamiau ac i'w potelu. (Nid oedd rhewgelloedd ar gael yr adeg yma.) Roedd yna hefyd ddigonedd o wyau (a'r ieir yn rhydd i grwydro) a iâr i ginio bron bob Sul, a digon o hwyaid. Weithiau deuai Mr Llwynog heibio a siom oedd colli pedair neu bump ohonynt ambell dro.
>
> Fe fyddem ni yn cadw dau fochyn i ddarparu digon o gig moch inni fel teulu am flwyddyn. Roedd diwrnod lladd y mochyn yn ddiwrnod prysur ond yn rhoi cyfle inni gael pethau blasus i'w bwyta—fel ffagots ar noson y lladd; a gallech arogli aroma'r cwcio dros led cae, a mwy, o gartre! Beth fydden ni yn ei alw yn 'gig bach' yr adeg hynny fe alwem yn 'stêcs' heddiw, ac roeddynt yn flasus tu hwnt. Byddai'r cigydd bob amser yn cael un i swper ar y fferm a phawb yn ymuno i fwynhau'r wledd.
>
> Y bore wedyn fe doddid bloneg, a gwneid 'scrynshions' hyfryd hefo blawd ceirch; ac fe chwythid y bledren fel pêl rygbi a'i llenwi â lard gwyn, pur. Yna deuai'r gorchwyl pwysicaf i gyd: halltu'r forddwyd, y coesau blaen a'r ystlysau. Dodid y cyfan ar faen a'u gorchuddio â halen.
>
> Fe fyddem yn godro ddwywaith y dydd ac yn corddi unwaith yr wythnos. A dyna flasus oedd y llaeth enwyn! Byddem yn crasu hanner dwsin o dorthau pedwar pwys a dwy gacen bob wythnos, a bowlen o bwdin reis hefyd. Roedd blas heb ei gymar i grasu'r ffwrn wal.
>
> Byddem yn dechrau gwneud caws pan werthid yr ŵyn cyntaf, a byddai laeth sgim y gwartheg a laeth cyfoethog y mamogiaid yn cyfuno i wneud caws hynod o flasus. Ar ôl cadw'n ôl beth oedd ei angen at iws cartref, byddid yn gwerthu'r gweddill ym marchnad Dachwedd Aberhonddu—a hynny am rhwng deg ceiniog a swllt y pwys. Fe fyddwn i'n hoffi cael dwsin neu ddau o wyau i'w gwerthu yn y ffair gan fod y pris ar ei orau yr adeg hynny—tua hanner coron y dwsin.
>
> Y farchnad arall bwysig oedd Marchnad Dofednod y Nadolig, ychydig ddyddiau cyn yr Ŵyl. Weithiau roedd y prisiau yn ansefydlog a heb fod yn ddigon ar dro i dalu am eu bwyd am chwe mis. Roedd hi'n gallu bod yn galed!
>
> Yn yr Hydref fe fyddem yn troi llaw at wneud gwin; fe fyddai gwin ysgawen (blodau a ffrwythau) bob amser yn y tŷ—fel moddion i ymladd annwyd ac oerfel. Y gwin gorau wnes i erioed oedd gwin mafon duon—roedd cystal â'r port gorau!

Gan fod ein tŷ ni mor agos i'r capel roedd yn fan cyfarfod cyfleus, a byddai Mr Davies, y Swyddfa Bost (Pontsenni) yn danfon dau fwndel o bapurau dyddiol mewn wagen â gorchudd arni fyddai'n cludo teithwyr i Aberhonddu ac yn ôl ar ddydd Gwener. Byddem ninnau yn eu dosbarthu i tua 14 o ffermydd. Roedd rhai o'r papurau dros wythnos oed cyn iddynt eu cael, ond gan nad oedd teledu na hyd yn oed radio y pryd hynny, roedd y papur bob amser yn 'newydd'. Ymhlith y papurau a ddosberthid oedd y *News of the World* a *Trysorfa'r Plant*.

Mae rhai o atgofion Ronald Davies hefyd yn berthnasol:

Cofiaf wneud canhwyllau o wêr cig gwedder. Dodid crochan hanner llawn o ddŵr ar y tân a rhoddid darnau o wêr ynddo ac fel y byddai'r dŵr yn berwi toddai'r gwêr a chodi i'r wyneb. Tynnid y crochan oddi ar y tân a byddai gwres y dŵr yn atal y gwêr rhag caledu. Ar ffon hir, rhyw fodfedd ar wahân, crogid deg i 12 o wiciau. Gosodid y ffon ar draws pen y crochan a gadael i'r pabwyr hongian yn y gwêr todd. Yna fe godid y ffon a'i gosod i ddraenio uwchben crochan gwag. Pan fyddai'r gwêr wedi sychu ar y pabwyr plymid hwy eilwaith yn y crochan. Parhâi'r broses yma am gryn amser gyda rhagor o wêr yn glynu wrth y pabwyr bob tro nes ffurfio, maes o law, gannwyll berffaith. Wedyn torrid y pabwyr oedd yn hongian wrth y ffon ac yna roedd y canhwyllau yn barod i'w defnyddio. Gallech wneud cymaint â chant o ganhwyllau yn reit gyflym fel hyn. Cyn bod pabwyr prŷn ar gael fe ddefnyddid brwyn wedi eu sychu i ffurfio canhwyllau brwyn.

Cedwid twrcïod a gwyddau ar gyfer masnach y Nadolig. Yr adeg hynny caniateid i'r adar grwydro yn rhydd o gylch y fferm. Cadwai'r rhan fwyaf o ffermydd ddwy iâr twrcï ac fe'u dygid i gyplysu â cheiliog a gedwid ar ychydig o ffermydd. Wedi dodwy'r wyau byddai'r iâr yn eistedd arnynt am 28 diwrnod ac wedi iddynt ddeor roedd yr cywion yn eiddil ac fe'u porthid â chymysgedd o flawd ceirch, wyau wedi'u berwi'n galed, dail tafol a chennin syfi.

Yn yr hydref byddai'r twrcïod yn crwydro'r tir sofl ac weithiau byddent yn anghofio dychwel i glwydo gan hedfan i ben coeden i noswylio. Pan ddeuai'r ffermwr o hyd iddynt byddai'n rhy dywyll iddo eu cael o'r goeden ac felly yr unig beth i'w wneud oedd clymu lampau stabal wrth y goeden i gadw'r llwynogod draw.

Wedi'r holl ffwdan roedd y gwerthiant yn aml yn wan a byddai'n rhaid weithiau gwerthu twrcï 20 pwys am lai na 10/- [50c].

Mae'n bwysig cydnabod nad oedd bywyd y ffermwr a'r tyddynnwr yn fêl i gyd, ac er eu bod i fesur helaeth yn hunangynhaliol, roedd y sefyllfa economaidd o'r tu allan yn medru drwg-effeithio ar eu byd. Dyfynnir Jennett Morgan gan y Canon Jones-Davies, Llywel wrth iddi sôn am ddirwasgiad y nawdegau: 'In 1893, every cratch and lloc were full of animals. We had no room for more anywhere and still we could not sell them.' Ac wrth gyfeirio at ddirwasgiad y 1930au cyfeiria David James, Pentre Uchaf at ffermwr lleol a basged ar ei fraich 'yn ceisio gwerthu wy neu ddau yma ac acw, neu bwys neu ddau o fenyn neu gaws—y caws blasus hwnnw a wneid o laeth mamogiaid'. Ychwanega, 'Fedrwch chi ddim dychmygu gwaith mor flinderus oedd godro defaid. Doedd dim diwedd arno, ond rhaid oedd dal ati y dyddiau hynny.'

Yn Archifdy'r Amgueddfa Werin yn Sain Ffagan ceir adysgrif o gyfweliadau a dapiwyd gan Vincent Phillips gyda Rees Price, Cwm Pistyll, Merthyr Cynog yn ystod mis Hydref 1959. Ganwyd Mr Price yng Ngwybedog ar yr Epynt ym mis Tachwedd 1874, lle bu'n byw am gyfnod cyn symud i Flaentalar. Hannai ei fam o Cyrte, Blaen Cwm Gwennol, ond roedd ei dad yn hannu o deulu a fu'n byw yng Ngwybedog am tua 250 o flynyddoedd. Sylw Vincent Phillips, oedd yn aelod o staff yr Amgueddfa Werin ar y pryd, oedd fod gwybodaeth Rees Price o'i faes yn wych a'i fod yn llefarwr rhugl. Mae'r adysgrif yn cadarnhau hyn. Adlewyrchir ynddi iaith rywiog, gywir, idiomatig a'r gallu i drafod materion technegol mewn Cymraeg gloyw. Dyma hefyd a ddarganfuwyd yn ystod y cyf-weld a'r ymchwil ar gyfer y gyfrol hon, fod safon Cymraeg llafar pobl yr Epynt yn nodedig am ei chywirdeb a'i glendid, yn ogystal â bod yn soniarus i'r glust.

Mae cof manwl Rees Price a'i sylwadaeth am fywyd ar yr Epynt yn rhoi cyfoeth o ddeunydd crai ar gyfer amgyffred natur y bywyd hwnnw. Cafodd gyfle i fynychu ysgol Llanddulas, oedd tua milltir a hanner o ffordd ac yn ymestyn dros le digon noeth ac anial. Fe gofia fod plentyn hynaf y teulu'n talu tair ceiniog a'r ail ddwy geiniog ond 'ôdd dim gwanieth faint fyse wedyn, ôn nw'n dod am geiniog yr un'. Cyn gadael yr ysgol yn 13 oed, arferai godi yn y bore i 'dendro tua ugain o dda' ac yna 'yn rhedeg sha'r ysgol bob cam, a câl *cane* am fod yn ddiweddar yn y diwedd', ac 'ôdd raid tendro'r cadyried i gyd wedyn ar ôl dŵad gartre'.

Wedi gadael ysgol bu'n gwasanaethu ar ffermydd am rai blynyddau. Cofiai ei dad yn mynd gydag ef at ei gyflogaeth gyntaf ac yn dweud wrtho, 'Wyt ti'n câl arian dychrynllyd, cofia di.' Sylw y llanc oedd, 'Ag ôn i'n câl saith bunt am hanner blwyddyn.'

Rhan o'i orchwylion oedd 'tshaffo' fin hwyr, glanhau mâs a tendro'r da. Yn y gwanwyn byddai'n troi, gan ddefnyddio pâr o geffylau gwahanol at y prynhawn. Yn y cyfweliad ceir disgrifiad manwl o'r dull o aredig. Byddid yn 'marco'r talar mâs, yna yn cwnnu cob cyn ffurfio grynnau wyth llath'. Eglura mai erydr o waith gof lleol a ddefnyddid. Roedd hen of yng Nghefngorwydd, 'rhen Domos y Gof, ôdd e'n gneud eryd neu ogedi neu syche'. Byddai pris aradr, tua diwedd y ganrif, rhwng pum a chwe phunt. Fe gofiai aradr bren yn cael ei defnyddio gan ddyn oedd yn byw ar ei bwys—Daniel, Cynala.

Rees Price, Cwm Pistyll, Merthyr Cynog.
(*Amgueddfa Werin Cymru*)

Esbonia hefyd fel y bu yn 'betingo am ddysenni o ddwarnode'. Digroeni'r tir a wneid wrth fetingo. Meddai, 'Ôdd yr hen bobl, ôn nhw'n credu dim fel dynion heddi . . . mewn troi hen ddaear . . . i bydru. O, nele hi ddim o'r tro, ôdd raid i fetingo fe bob tamed.' Disgrifia'r offer a ddefnyddid, 'y brestblog a'r clustog ar y coese'. Fe gofia 'hen fachgen yn dod rownd i fetingo. Fel 'na ôdd e'n ennill 'i fioleth. Câl wheugen y cyfer am fetingo. Gneud tua chwarter cyfer y dydd.'

Gosodid 'pren hir mewn socell yn y brestblog—pren croes i moelyd y gŵys drwadd o hyd. Os bydde daear weddol rwydd, gallech chi fynd am ucen llath a byse'n cwympo fel cwys, a falle na elech chi ddim troedfedd. Wedyn, ôn ni'n 'i gyrnoi yn dyrre, ag 'n dodi tân 'ndo fe, a'i losgi e i gyd . . . a gwasgaru'r lludw i gyd . . . A chwedyn i, fysen yn dodi erfin—hau erfin comon.'

Â rhagddo i ddatgan fod cryn dipyn o wenith yn cael ei hau—yr hen wenith coch, fel rheol. Byddid yn aredig yn union ar ôl y cynhaeaf, ym mis Medi neu Hydref. Roedd yn arfer i bawb gadw hadyd, a byddai'r ffermwyr yn cyfnewid hadyd yn gyson trwy werthu a phrynu pwn. Eglura fod wyth hobed neu bedwar bwshel yn gwneud pwn a bod pwn yn pwyso 300 pwys. Patrwm yr hau fyddai 'hou wyth llath ar dri thwlad'. Oged bren a ddefnyddid ran fynychaf a phedair carfan iddi, a'r dannedd wedi'u gwneud gyda phinnau pren wedi'u ffustio trwy'r tyllau. Noda mai tail oedd yr achles a gwasgerid ef ar y tir cyn troi a hau.

Byddid hefyd yn hau'r hen geirch llwyd bach nad oedd yn annhebyg i ryg. Hen geirchen oedd hon 'yn siŵr o gropo mewn daear rhy wael i gerched da i gropo'. Heuid ceirch ganol Ebrill a haidd y 'trydydd g'lithyn o Fai'.

Yn ystod ei lencyndod, crymanau a ddefnyddid i gynaeafu, nid pladuriau: 'Pob un â'i gryman—a merch neu wraig, fel rheol, yn 'i ddilyn e. Ôdd e'n tynnu'r gwenith miwn â'r cryman nes bod 'dag e ddigon o ysgub dan 'i gesel. A chwedyn ôdd e'n troi 'nôl, ag ôdd y ferch neu'r wraig yn cymryd yr ysgub dan 'i gesel e, a fuase hi'n clymu'r ysgub.' Gan amlaf fe geid rhwng wyth a deg o grymanau. Cryman mawr ydoedd. Byddent yn clymu'r ysgub wenith yn wahanol i'r ysgub geirch fel rheol. Yn ddiweddarach fe ddefnyddid pladuriau i dorri ceirch ond cryman i dorri gwenith gan fod 'yr hen bobl yn ofalus am y gwenith'.

Cawn ddisgrifiad gan Rees Price o'r ysgubau, o'r stacan, o'r cogwrn, o'r helmau ac o'r berâu neu'r tasau. Byddai'r olaf yn cael eu toi â brwyn. 'Weles i ni'n cario cyment â 15 llwyth o frwyn lawr oddi ar Fynydd Epynt—i gael toi y bêrau. Ôdd gyda ni 21 o fêrau. Ôn ni'n toi ys dôdd hi mlân ar ôl y Nadolig.'

Rhaid oedd cael rhaffau i wneud cebystrau ac i ddal toeau teisi'n ddiogel. Defnyddid pibrwyn a rhawn. Pwysleisid bod angen yn gyntaf gymysgu'r rhawn yn drylwyr ac yna'i ysgwyd yn dda. Wedyn rhaid oedd cael tair cainc yn llai na'r bys o drwch, ac wrth eu plethu roedd rhaid bod yn ofalus fod y 'tro reit' yn cael ei wneud, a bod y rheffyn yn cael ei ddal yn dynn 'a chadw'r tro yn ddigon tynn, a peidio bod dim gormod o dro ynddo fel bydde fe'n cymryd 'i le ag 'n gorwedd yn 'i le'.

Esbonia fel y byddai'r hen fugeiliaid yn defnyddio rheffynnau rhawn ym mhen y merlod i fugeilia. Ni fyddai 'nemor neb o nhw byth â ffrwyn ym mhen poni'n bugeilia . . . ond fe fydden nhw'n twlu'r rheffyn 'da'i thrâd hi neu'i glymu e am 'i chôs hi os bydde ishe dala llwdwn ne rwbeth . . . ar ganol y mynydd'.

I wneud y cebystr: 'Erbyn byddech chi wedi neud y benwast ohono fe, neud y pen a dŵad rownd i'r trwyn, i fyse gofyn ichi gâl tair, beder llath o raff. Y benwast ydy'r rhan sy'n dod am y pen. Fe fydden ni'n defnyddio cyrne hen fyheryn i ffurfio'r benwast— torri'r corn nes ôdd e'n dŵad yn gylch bach rownd . . . a fydde fe'n ffitio hwnna yn y baddag hyn lle'r ôdd e'n hala'r rheffyn trwyddo fe . . . I fyse'r rheffyn yn rhedeg. Ôdd e'n 'i bolisho e ag yn 'i drin e a'i neud e fel . . . ôdd e'n ffyrel fach.' Byddai aerwyon pren i'r gwartheg wedi eu gwneud o 'lasdderwen'.

Ar ôl gorffen gwaith y dydd yn y gaeaf roedd diléit mewn gwneud llwyau pren neu fasgedi neu ffyn a phastynau. Ceir manylion ar y ffordd i wneud pastwn da. Mewn ateb i'r cwestiwn pryd oedd yr amser gorau i dorri'r pastwn dywed Rees Price fod yr hen bobl yn mynnu mai 'unrhyw amser . . . pan ele'r ddafad i hwrdd nes bod hi'n dŵad ag oen' oedd orau. Ac yna'r doethineb ymarferol hwn: 'Wedyn ôn i'n gofyn i hen ddyn ôdd ar yn pwys ni, rhen 'Refel Fach, ôdd e'n gneud lot ohonyn nhw, a gneud coese pladyrie a ffyrche, rhacane a rwbeth fel 'ny—ôdd e'n neud lot. Own ni'n gofyn iddo fe, "Pun yw'r amser gore i ddyn," myddwn i, "i dorri côs pladur?" "Wel, i weda 'thyt ti," medde fe, "torr e pan gweli di e, ne fydd rhywun arall wedi'i weld e," medde fe. Collen a ddefnyddid gan amla—tipyn o gredit ôdd câl y ddraenen ddu a chelynnen.'

Diddorol yw'r disgrifiad manwl o wneud ffust. Rhybuddir ni fod yn rhaid i ddyn fod 'dipyn yn ofalus wrth neud ffust' gan y byddai'n dyrnu am ugeiniau o ddiwrnodau. Ni chredai fod neb yn fyw yn y sir a wyddai'r ffordd orau i osod gwialen ar ffust. 'Os na ddodwch chi ialen yn reit ar y ffust falle bydd wedi mynd cyn newch dri ergyd; ag os dodwch chi'r ialen yn reit . . . walle dal hi am wthnos ichi ddyrnu.'

Wedi gorffen ffustio cesglid y ceirch o'r neilltu mewn ffetanau ac wedyn 'pan 'se hi'n digwydd dŵad yn dipyn o wynt, dwarnod gweddol wyntog . . . i fysen ni'n nithio fe wrth y gwynt i gyd'.

Cyfeiria Rees Price at y melinau yng nghylch yr Epynt. Roedd un yn Rhydydderi. Un arall yn Esgair Fechan. Yng Nghapel Uchaf roedd melin Pont Mandu. Ar yr ochr ddeheuol roedd melin Pentre Uchaf a melin Pentre-bach. Ac wrth gwrs roedd melin Cefn-brith.

Ynghlwm wrth bob melin roedd odyn i grasu'r gwenith. Cyfrifoldeb y ffermwr oedd taenu'r grawn yn yr odyn a gofalu amdano. Roedd yn rhaid cynnau tân o dan yr odyn. Yn ôl Rees Price, byddai llawer o'r hen bobl yn cludo glo neu 'swmpyn o gôd . . . neu ynte mynd â mawn i gâl tân i ddodi dan yr odyn'. Unwaith y ceid tân i boethi'r odyn roedd yn rhaid gofalu am y grawn i wneud yn siŵr na fyddai iddo losgi—ei droi a'i drafod yn gyson. Y menywod fyddai'n cyflawni'r gwaith yma gan fynychaf ac fe ddeuent, weithiau, gyda'r nos i grasu—'mynd dechreunos' yn ei eiriau ef. Deuai gweision a morynion i lawr fin hwyr i gael tipyn o sbri: 'tipyn o ganu a noson lawen—shimli'. Ceid troeon chwithig ambell dro:

> Ôn i'n cofio un hen felinydd ôdd yn Cefen-brith—yr hen Rhodri Bach y Felin ôn ni'n 'i alw fe. Ôdd e'n ffond iawn o'i beint. Ôdd e'n dodi'r llafur weithie ar yr odyn, ac yn sgipio lan i Gefengorwydd i gael peint. Ond falle erbyn base Rhodri wedi mynd yno byse . . . digon o gwmpas 'no, ag ôdd Rhodri yn anghofio'r cyfan . . . Gweles i e'n llosgi saith neu wyth pwn, nag ôdd e dda i ddim . . . Rhodri wedi 'i anghofio fe!

Byddid yn talu i'r craswr ac am iws yr odyn trwy dolli—bwshel o bob pwn.

Cefn-brith, c. 1920. Y talaf yw Idris Williams, y tenant. Yn y llun hefyd mae ei fab bach, Peter.

Un o'r disgrifiadau manylaf yn y cyfweliadau hyn yw'r rheiny sy'n ymwneud â mawna. Dywed Rees Price fod gan bob un ei geulan ar yr Epynt ac mae'n amlwg ei fod yntau'n gyfarwydd â'r gwaith. Eglura fel y byddid yn defnyddio 'harn digroeni' i godi'r dywarchen cyn torri i lawr tua phum troedfedd i'r mawn. 'Pwy ishela elech chi, gore gyd ôdd y fawnen, ond y peth gwaetha ôdd fod 'na gôd mawrion yn y dyfnder yn y ddaear . . . Wel, gyment a allech chi spanged—oen nhw'n rhuddin solet, ac eto'n ddigon sofft i roi awch ar y bladur.' Dywed i'w dad a chymydog ddod o hyd i 'hen gledde' lawr yn y dyfnderoedd un tro.

Roedd mathau gwahanol o fawnen. Roedd mawnen ddu—'ôdd hi'n fawnen splendid, ond os bydde'n sychu a chael glaw bydde'n dueddol i chwalu'. Roedd y fawnen goch 'yn wyddyn, yn solid, ddim yn chwalu; ond y fawnen ddu ôdd yr ore am dân'. Yr enw ar fawn yn chwalu oedd 'llythrod mawn'.

Ychwanega mai o Waun Frân y byddai ei fferm ef a chwe fferm arall yn cael mawn. Fe fyddent yn cludo tua 30 i 40 llwyth o fawn yr un gan dorri pedwar neu bum llwyth y dydd. (Llwyth gambo oedd hwn fynychaf.) Gan fod y Waun yn wlyb a chorslyd byddai'r menywod, gan amlaf, yn cludo'r mawn mewn basgedi i'r gambo, a fyddai'n sefyll ar dir sych—pellter o 20 llath. Fe gofiai Rees Price am Powell, Troedrhiw-isaf yn cludo mawn oddi ar yr Epynt mewn car llusg.

Tystia fod gan bawb sièd fawn i gadw'r mawn gorau, a thas fawr yn cynnwys y mawn briw. Byddid yn toi'r das â brwyn a byddai'n para am dair blynedd. Gallai'r tywydd effeithio ar faint a gynaeafid: ambell flwyddyn ceid digonedd ond flwyddyn arall byddai prinder.

Byddai pawb yn troi at y mawn o ganol Mai ymlaen, cyn golchi a chneifio'r defaid, 'wedi i'r cadyried fynd mâs. Dyn fydde'n torri'r mawn a'r fenyw yn tannu.' Ceir gan Rees Price ddisgrifiad helaeth o'r dull o dorri a'r cynaeafu.

Ond mae'r un mor ddiddorol yn sôn am arferion yn ymwneud â thorri syched. Haera nad oedd cwrw na llaeth enwyn na seidir ar y cae yn ystod y cynaeafu 'slawer dydd. Dŵr, dyna oedd diod yr hen bobl—dŵr blawd ceirch. Tywelltid dŵr ar ben y ceirch a'i adael am wythnos i suro; yna hidlo hwnnw a chael y dŵr i'w yfed. Roedd yn ddiod ragorol yn ei farn ef.

Yr un pryd roedd llawer o bobl yn gwneud cwrw cartref. Roedd ganddo gof cynnar am yr ecseismon yn dod heibio:

> Os bydde fe'n ych dala fe fyddech chi yng ngafel y gyfreth. Rhaid oedd cael brâg o Aberhonddu i ddechre (20/25 galwyn). Dodid y brâg yn y ffwrnes a'i adel i ferwi am sbel. Chwedyn 'i godi i dwbyn. Dodi hops yndo fe wedyn, a'i adel yn y man 'ny wedyn nes bod yr hops a'r brâg yn gwitho i gyd i'r wyneb. Yna fysen yn codi'r hen hops hyn a'r brâg off wedyn a'i ddodi e'n ôl yn y ffwrnes i ferwi. Wedi berwi fe fysen ni yn 'i godi a'i ddreinio i gyd. Ôdd gwagar—fel gwagar rhawn—yn 'i ddreinio fe i gyd. Wedyn 'i gadw nes ôdd e'n oeri. Yna 'i ddodi yn y gasgen, ar ôl dodi'r berman a hops yndo fe. Bydde'n gwitho am wthnos efalle. Bydde'r berman yn gwitho mâs trwy'r top. Wedi iddo gwpla dod mâs byddech chi'n 'i selo fe i fyny . . . 'macsu' neu 'briweddu' ôdd yr enw ar hyn, a'r un peth ôdd 'gerwn macsu' â 'twbyn'. Diod fain ôdd y gwilodion—ôdd e'n wannach na'r cwrw pur.
>
> Pan fydde'r ecseismon yn dod oddi amgylch fe fydde'n dal rhai, ond methodd gydag un. Fe'u clywes nhw'n dweud am ryw hen wraig . . . ôdd yr ecseismon wedi dŵad, ac rôdd brâg yn y tŷ . . . ac ôdd e'n whilo'r tŷ i gyd. Whilo'r tŷ bob tamed am y brâg, a ffaelu câl dim. Ôdd yr hen wraig yn ishte yn y gornel, ac ôdd hi wedi dodi'r cwdyn a'r brâg odeni, ag yn ishte ar 'i ben e.
>
> Ag 'na le'r ôdd hi a hen shôl fawr dros 'i gwar yn y man 'ny, a'r ecseismon wedi whilo'r tŷ

i gyd. 'A fynnwch chi i fi godi?' mydde hi. 'Na. Na, rhen wraig, sefwch chi man lle'r ych chi,' mydde fe. Ag ôdd yr hen wraig yn câl sefyll man lle'r ôdd hi ond ôdd y cwdyn â'r brâg odeni hi! Ôdd hi'n ishte ar ben y cwdyn â'r brâg!

Cawn wybod gan Rees Price fod llawer o fara ceirch yn cael ei wneud ar y ffermydd. Byddid yn dwyn pum neu chwe phwn o geirch i'r felin i'w falu, a deuai'n ôl yn flawd ac yn sucan. 'Rôdd yr ishin a'r sôg—y peth garw—i gyd yn y sucan; a'r blawd ceirch yn ffein mâs, fel can. Bydden ni'n crasu digon am flwyddyn ar y tân mawr. 'Se chi'n mynd i lawer tŷ gesech chi weld rhes o fara ceirch rownd abowt y gegin.' Byddai ei fam yn mynd i helpu menywod eraill i wneud bara ceirch ddiwrnod ar y tro. Tybiai fod wyth o bob deg o wragedd yn methu ei wneud gan fod galw i baratoi'r 'dorth' mor 'dene â dalen o bapur'.

Edmygai chwaer Rees Price hefyd ddawn ei mam i wneud bara ceirch. (Mae ei hatgofion hithau ar gadw yn Sain Ffagan.) 'Ôdd gofyn câl llaw go fflat i neud bara ceirch—dim bysedd cam. Own i ddim yn deall shwd ôdd hi'n gallu'u cadw nhw wrth 'i gilydd. Alla i ddim dweud. Ôdd hi'n twlu dyrned bach o flawd drostyn nhw o hyd fel ôdd hi'n gwitho mlân.' Cymysgedd o flawd ceirch a dŵr a ddefnyddid. Byddid yn dechrau trwy wneud peli bach o'r toes a'u tylino, a'u hymestyn i faint plât lled fawr cyn eu gosod ar yr haearn. Ni ddefnyddid saim i'w crasu, ond teflid rhagor o flawd ar yr haearn. Sychid hwy wedyn o flaen y tân i'w caledu cyn eu storio, ddwsinau ohonynt, o gwmpas y tŷ. Gwneid digon o dorthau ar ddechrau'r gaeaf i bara am flwyddyn. ('Lloden' oedd ei gair hi am 'dwmpyn o'r toes fydda'n sbâr'—'llygoden', mae'n debyg). Gan amlaf câi ei fwyta gyda bara menyn.

Esbonia Rees Price fel roedd teuluoedd gynt yn dibynnu'n drwm ar gawl fel cynhaliaeth feunyddiol bwysig. 'Oen nhw'n gneud crochaned o gawl rhyw ddwyweth yr wthnos. Wel, i fyse cawl twym wedyn trw'r wthnos . . . basned o gawl i frecwast . . . a digon o fwyd gydag e . . . bara a chaws—a chig yn y cawl, cig eidion gan amla . . . Fyse boiti pedwar o ffermwyr yn joino, ac yn lladd buwch neu ladd eidion bob blwyddyn, tua dechre Tachwedd . . . a phedwar chwarter—un i bob un.' Byddent yn gwerthu'r tri chwarter i gymdogion; nid yn eu rhoi.

Fe gofiai mai buwch hesb, lyswynog, wedi ei phesgi, rhyw bedair i bum mlwydd oed, a leddid, a chawn ganddo ddisgrifiad manwl o'r lladd a'r llifio a'r rhannu. Byddai'r afu'n mynd i'r sawl oedd yn lladd. Ni fyddid yn defnyddio'r perfedd ar wahân i'r pans (y 'rhwmen', sef croen y stumog). 'Bydde'r hen bobl yn 'i fwyta . . . 'i olchi fe, a chwedyn ôn nhw'n dodi trwch o galch brwd ar 'i hyd e, a'i adel i sefyll am hyn a hyn o ddiwrnode . . . yna 'i godi a'i lanhau. Ag ôdd yr hen grôn 'na tu fiwn i'r pans yn dŵad bant bob tamed yn grwn—nes dôdd 'da chi ddim ond y pans tu fâs. A wedyn i fysen yn 'i ddodi e miwn dŵr a halen a'i adel i sefyll, a'i lanhau'n reit. Ôdd e'n hyfryd!'

Defnyddid bloneg yr anifail i gael gwêr at wneud canhwyllau. Gwerthid y croen i'r cigydd. Malurid y traed o'r pen-lin i lawr a'u berwi i gynhyrchu olew oedd yn nodedig am ystwytho unrhyw beth. Wrth iddo ferwi, codai'r eli fel jeli i'r wyneb. Roedd yn rhaid i bob un gael 'pishyn o'r memrwn' (y frest). 'Ôdd e'n gig ol-reit.'

Lleddid yr anifail trwy ei bwrw yn ei thalcen â bwyell a'i gwaedu o'r frest. Yna codid hi a'i blingo a'i llifio ar hyd canol yr asgwrn cefn, 'ar hyd y mwydyn'.

Fel yr awgrymwyd eisoes, fe gofia mai cawl, tatws a chig a geid fynychaf i ginio; bara menyn a chaws i de; cawl i swper neu sucan a llaeth. Weithiau byddai'n cael cawl llaeth pryd y berwid llaeth ar y tân a rhoi blawd ceirch ynddo a'i droi nes byddai'n berwi. 'Twym llâth' fyddai'r enw ar hwn. Hefyd bwyteid poten datws a llaeth enwyn, neu 'faidd brith', sef maidd wedi ei ferwi nes yr oedd yn mynd fel caws. Byddai cramwyth (crempog) wedi eu gwneud â llaeth enwyn yn llawer gwell, yn ôl Rees Price, na rhai hefo llaeth. Fe yfid glasdwr yn helaeth—nid oedd llawer o de i'w gael y pryd hynny.

> Prynid pwn o siwgwr, yn dorthau. Cedwid y blawd mewn coffrau yn y tŷ. Y can cyntaf ôdd y gore; bydde'r ail gan yn fwy cwrs ac yn rhoi bara tywyll, bara go gryf. Ele'r bran i'r anifeilied, ar ben y tsaff i'r ceffyle a dyrned ar ben bwyd moch. Ar adege bydden nhw'n gneud bara barlys ac roedd rhai yn gneud bara rhyg—ond nid yn Gwybedog.

Gwybedog, Tirabad. *(Amgueddfa Werin Cymru)*

Tystia fod peth llin yn cael ei dyfu er mwyn cael linsid ohono. Câi hefyd ei ddyrnu a'i drin fel ceirch, ac roedd yn rhagorol i'r lloi a'r ceffylau. Gwneid breci i'r lloi trwy ferwi llin neu wair, a'i roi am ben y llaeth.

Cawn gan Rees Price ddisgrifiad o grasu yn y ffwrn fach a'r ffwrn wal. Coed bedw oedd orau, yn ôl ei fam, i dwymo'r ffwrn, ond ychwanega y gallai coed fod yn brin. Rhaid oedd mynd ddeng milltir weithiau i mofyn llwyth. Gellid dychmygu, felly, fod cynnud yn brin a bod rhai pobl (ond nid Rees!) yn 'llosgi dom'. Meddai:

> Wi'n cofio hen fenyw pan own i'n grwt. Ôdd hi'n byw ar y mynydd 'ma; rhen Nansi Tirmynydd ôn ni'n 'i galw hi. Ac ôn i'n dod heibio ag ôdd hi'n gweud, 'Wel, wi wedi bod yn fishi iawn trwy'r dydd, gwas,' mydde hi. A 'na'r lle'r ôdd hi wedi bod ar y mynydd, ych chi'n gweld, yn cyrnoi . . . a 'calêd' ôdd hi'n galw'r dom cyffyle ôdd wedi sychu'n galed . . . Ag ôdd hi â cwdyn ag yn cyrnoi rheiny. A 'na ôdd gyda hi'n llosgi ôdd y calêd, os gwedo hithe!

Sylwyd eisoes bwysiced i ddiwylliant economaidd pobl yr Epynt oedd mawn, yn arbennig ar yr ochr ogleddol lle roedd coed yn brin. Sonia Rees Price ei fod yn cofio Tirabad pan 'ôdd na ddim llwyn i frân i neud nyth ynddo fe', ac felly doedd yna ddim coed tân ar gael. Ond fel y noda, yn sgil gwaith y Comisiwn Coedwigo, 'erbyn heddiw dôs na ddim ond côd bron!' Cofia un tro weld brân ar ei nyth mewn llwyn drain ac yn medru edrych i lawr arni oddi ar gefn ceffyl. Nid oedd coeden ar gael iddi!

Cawn wybod fod peth glo yn cael ei brynu a'i losgi gyda'r mawn—glo Bargoed oedd y ffefryn. Byddid yn cludo hwnnw, bedair tunnell ar y tro, ar draws y mynydd o Bontsenni. Tystia fod yna gymysgu glo a mawn, ac fe arferid hefyd wneud peli o'r glo mân. Cloddid am y clai ar lan yr afon yn Llanddulas, lle roedd cryn ddyfnder ohono. Yr arfer oedd cymysgu 'whilbered o glai gyda whilbered o lo mân'. Sethrid ar y gymysgfa i wneud yn siŵr fod y cyfan wedi ei gymysgu'n drylwyr cyn ymroi i wneud y peli â'r dwylo. Roedd yn arfer hefyd i wyngalchu'r grât a'r simdde. Ni fyddai tân mawn byth yn cael ei ddiffodd, ac mewn ambell fferm fe gofia fod y tân ar y llawr ac yn cynnau'n dda yno.

Gan yr un gŵr cawn atgofion am ymweliadau â Halfway yng nghwr deheuol yr Epynt i risglo coed derw i Dafydd, Blaen-cwm a Joseph, Tafarn. Bu ef yno'n llanc 18 oed, gan letya gyda'i fodryb. Rhisglid y coed cyn eu cwympo gan ddefnyddio pilbren oedd ar siâp llwy. Cyflawnid y gwaith yn y gwanwyn wrth i'r nodd godi. Defnyddid ysgolion i gyrraedd uchder arbennig ond roedd angen dawn i ddringo'n uwch na hynny. Cesglid y rhisgl mewn hen gynfasau cyn eu cludo i danerdai i daneru'r lledr. Mae'n amlwg fod hwn yn achlysur cymdeithasol hefyd gan fod 50 yn dod ynghyd ambell waith, gan gynnwys merched. Plant ffermwyr fyddent ymron i gyd ac yn mynd i'r Rhandir-isaf a Maes-y-bwlch 'am sbort'.

Cawn ragor o wybodaeth am y diwydiant rhisglo gan Ronald Davies. Dywed fod fferm y Fardre'n cael ei hadnabod fel y 'gwaith olew', gan mai yno y prosesid y rhisgl er mwyn tynnu ohono'r olew i drin lledr. Byddid yn rhoi'r rhisgl trwy beiriant tebyg i beiriant torri tsiaff i'w dorri'n fân. 'Yna fe'i dodid mewn llynnoedd (*lagoons*) o ddŵr am bythefnos neu dair wythnos nes i'r asid yn y rhisgl doddi yn y dŵr. Hidlid y gwlybwr a'i roi mewn casgenni a'i ddwyn i'r tanerdy agosaf yn Llanymddyfri.'

Ceir gan Rees Price gyfeiriadau at drin anhwylderau anifeiliaid, gan gynnwys gwaedu gwartheg gyda 'fflêms'; llosgi plu i wneud i fuwch beswch; sut i drafod llyffan dafod ac yn y blaen. Mynn hefyd ei fod yn cofio ei dad yn dweud fod dwy fyswynog yn cael eu cadw at aredig ac 'oen nhw'n sbaddu trishedi 'slawer dydd i atal iddyn nhw fynd yn gyflo, ac i'w cadw i weithio a dim arall. Byddai ceffyl yn cerdded o flaen y ddwy fyswynog.'

Clefyd estron i'r Epynt, yn ôl ei awgrym ef, oedd y *footrot* ar ddefaid. Mynnai fod diffyg enw Cymraeg ar y clefyd yn cadarnhau ei ddieithrwch. Ni welsai ef y clwy o gwbl hyd nes iddo dyfu'n ddyn.

Ceir disgrifiadau manwl ganddo o'r dulliau a ddefnyddid i sbaddu ceffylau ac eidionnau, a'r dystiolaeth ei fod ef wedi sbaddu miloedd o ŵyn, rhwng mis a chwe wythnos oed, â'i ddannedd! Cyfeiria hefyd at y mihifir mihafar—y ddafad nad yw na gwryw na benyw.

Roedd hi'n arfer cyffredin ar yr Epynt i dyfu eithin bach o had a'i tsiaffo ar gyfer y ceffylau. Byddent yn dwlu arno. Torrid yr eithin yma â phladur. Paratoid y tir fel paratoi at hau ceirch, gan hau yn y gwanwyn cynnar. Ni fyddid yn tyfu gormodedd gan ei fod yn cnydio am flynyddoedd, ond roedd yn bwysig torri rhywfaint bob dydd a'i dorri'n las.

Mae'n werth adrodd stori ddoniol Rees Price am y dyn hysbys yn Llanafan a honnai y medrai gyfeirio person at unrhyw beth oedd wedi mynd ar goll. Penderfynodd nifer o lanciau ddwyn ei aradr un noson a'i chuddio. Bu helynt mawr, ac er chwilio a chwilio amdani ni chafwyd hyd iddi. Bu raid i'r dyn hysbys brynu aradr newydd; ond yna fe

Yr hen Wybedog. Evan Price (m. 1908).

ddygwyd yr hen aradr yn ôl adref gan y llanciau! Ni fu pobl mor barod i roi eu ffydd yn noniau'r gŵr ar ôl hynny.

Dywed Rees Price ei fod yn cofio'r hen dŷ, Gwybedog, pan oedd yn ifanc—y tŷ a thŷ'r anifeiliaid o dan yr un to, a hwnnw'n frwyn i gyd. Isel iawn oedd llawer o'r hen dai a gofiai—dim llofft i lawer ohonynt, er bod yna lofft yng Ngwybedog, 'ond doedd dim rhyngoch chi a'r brwyn, wedyn'. Rhydd inni ddisgrifiad manwl o wneuthuriad y to, a bu ef ei hunan yn toi ddwsinau o weithiau. Gosodid brigau i ddal y brwyn. Byddid yn toi rhan o'r to bob hydref: roedd yn rhaid ei adnewyddu neu fe fyddai'n gollwng dŵr. 'Toi un gole eleni a'r gole nesa ato fe y flwyddyn wedyn.' Cyfeiria at y tulathau, y nenbren, y cledrau a'r coed croesion ynghyd â'r dellt a'r sgilen. Rhaid oedd cael naw modfedd o drwch o frwyn ar ben y brigau ac ymdrechid i gael brwyn gweddol o hir i'r gwaith. Mewn storm byddai darn o'r to'n cael ei godi a rhaid oedd dwyn ysgol a rhoi pwysau o ryw fath i'w gadw i lawr.

Haerai fod y tai'n gynnes i'w rhyfeddu, er bod rhaid byw hefo chwain a llygod yn y to. Dywed fod 'gwelye cwbwrt' (gwelyau cwpwrdd) ar iws: byddai dau ddrws yn agor, ac os buasech chi'n dewis 'ar ôl mynd i mewn, gallech 'u c'uad nhw ar ych ôl; fydde neb yn gwybod llai nage mewn bocs oech chi!' Cofiai welyau us, ond gwellt neu rawn a ddefnyddid amlaf. Byddai blancedi'n cael eu gwneud ym ffatri Esgair Moel (sydd bellach yn addurno daear yr Amgueddfa Werin yn Sain Ffagan). Dywed fod y palisau wedi eu gwneud o bren a gwiail. 'Morter dom' neu 'forter bwdel' a ddefnyddid ar y waliau a'r lloriau pridd wedi iddynt sychu a chaledu.

Fe gofiai Rees Price hefyd yr hen wahoddwyr—gwahodd i neithior gan amlaf. 'Ôdd yr hen John Croffte yn un ohonyn nhw. Wi'n cofio amdano fe'n dŵad heibio—oen nhw'n gneud rhyw hen rigwms—rhyw hen storiaes—ôdd e ddim ond jyst os bydde priodas yn rhywle. I fydde'n dweud, "John, cerwch rownd i gyhoeddi".'

Danfonid y gwlân i ffatri Esgair Moel—digon i wneud brethyn i wneud tair neu bedair siwt. Y ffatri fyddai'n gwneud y brethyn cyn iddo gael ei gyrchu adref i'w droi'n ddillad gan y teilwriaid a ddeuai heibio i gyflawni'r gwaith hwnnw. Byddai brethyn dillad merched yn ffeinach a byddai *dressmakers* yn dod heibio, fel y teilwriaid, i wneud y gwisgoedd. Roedd dewis o liwiau, ond y ffatri fyddai'n gwneud y lliwio. Defnyddid y gwlân ffeina i gyd i wneud blancedi.

Un arall o dylwyth Gwybedog oedd Ceinwen Davies. Roedd ei mam hi y degfed o deulu o 11, er bod chwaer iau wedi marw ychydig dros flwydd oed. Roedd ei mam wedi ei geni yng Ngwybedog. Trydydd plentyn o saith oedd ei thad a ganed ef ym Mwlchygwynt. Cafodd Mrs Davies ei geni yn Bryncerdd, Llanwrtyd ar 12 Hydref 1912. Tystia mai pobl lawen, siriol oedd ei rhieni 'na fyddent byth yn rheoli â gwialen haearn'.

Gwybedog, 1908. (*Amgueddfa Werin Cymru*)

Mewn pamffledyn a gyhoeddwyd yn 1977 caiff Ceinwen Davies gyfle i rannu ei hatgofion hithau am yr Epynt.

Bu ei mam yn cadw ymwelwyr yn Bryncerdd tra byddai ei thad yn gweithio ar y ffermydd nes i'w hewythr Tom, brawd ei mam, werthu ei stoc a mynd dramor, a rhoi cyfle i'w thad symud i Wybedog ac i'w mam ddychwelyd i'w hen gartref.

Ceinwen oedd yr hynaf o saith o blant, dwy ferch a phum bachgen, a'r adeg honno roedd gofyn bob amser i'r hynaf ofalu am y rhai ieuaf er mwyn helpu'r fam.

Fe gofia hi ei diwrnod cyntaf yn yr ysgol yn dda. Hebryngodd ei mam hi ar gefn poni, a chofia iddi feddwl fod ysgol Tirabad yn fawr, tra nad oedd ond ysgol fach mewn gwirionedd. Meddai:

> Wyddwn i ddim un gair o Saesneg. Saesnes oedd Mrs James, ein hathrawes, ac rwy'n credu imi ddysgu'r iaith newydd yn rhwydd.
>
> Fedra i ddim cofio fy mrodyr yn dechrau'r ysgol, ond fi fyddai'n cario'r cwdyn bwyd, dim ond brechdanau a theisen; dim diod. Os deuai syched arnom byddem yn gofyn i'r athrawes, oedd yn byw drws nesaf i'r ysgol, am ddŵr oer. Mae'n debyg y byddai'n rhaid inni nôl bwcedaid o'r ffynnon ger y fferm gryn bellter i ffwrdd. Roedd oriau ysgol yn ddigon tebyg i heddiw ond roedd ein dillad yn hollol wahanol. Gwisgai'r bechgyn gotiau a thrwseri melfaréd a choleri caled y medrid eu glanhau gyda darn o liain. Roedd gyda ni bron i ddwy filltir i gerdded i'r ysgol dros fryn noeth heb lawer o gysgod.
>
> Esgidiau hoelion a wisgem gyda socasau (*leggings*) ar adegau o eira a gwlybaniaeth. Roedd esgidiau gorau gennym ar gyfer y Sul.
>
> Pan oeddwn i'n hŷn byddai merch arall a minnau yn arfer glanhau yr ysgol bob nos a

golchi'r pyrth ar nos Wener am chwe cheiniog yr wythnos. Yn ystod gwyliau'r haf byddem yn sgwrio'r ysgol am ddau swllt.

Tua deg oed dechreuais gystadlu mewn eisteddfodau lleol—canu ac adrodd. Byddai fy nhad yn mynd ag Aneurin, fy mrawd, a minnau i'r eisteddfodau, ac ni fyddem byth yn dychwelyd heb wobr—y wobr gyntaf gan amlaf. Nid wyf am ymffrostio, ond mae'n wir. Enillais dros gant o wobrau. Buom yn Beili-du, y Babell, Blaen-plwyf, Llanwrtyd, Cefngorwydd, Pentre-tŷ-gwyn, Gosen a Bethel, Cynghordy. Pan oeddwn i'n hŷn byddem yn mynd dros yr Epynt i Ferthyr Cynog, Pont-faen ac Aberhonddu.

Gadewais yr ysgol yn 14 oed. Roedd morwyn a gwas gennym. Bu'r ferch gyda ni am naw mlynedd. Bu iddi briodi y gwanwyn y gadewais i yr ysgol ac roedd mwy o waith imi gartref wedyn.

Roedd gwaith tŷ yn bur wahanol i'r hyn ydyw heddiw. Rhaid oedd golchi â llaw gan ferwi'r dŵr mewn llestr copr. Roedd galw am olchi'r llawr llechfaen bob dydd, a rhaid oedd blacledio'r grât. Byddem yn glanhau'r cyllyll a'r ffyrc ar ddydd Sadwrn a chrafu'r tatws a pharatoi'r llysiau at y Sul. Gwnaem ein bara a'n menyn a'n caws ein hunain; lladdem ein moch ein hunain, godrem ein defaid, gwnaem ganhwyllau a thorem fawn. Ar adegau arbennig, pan fyddai pobl ddieithr yn dod, roedd mat gennym i'w osod ar yr aelwyd.

Byddem yn gwneud digon o gaws a menyn at ein hiws ein hunain ac yn gwerthu'r gweddill yn Llanwrtyd. Fe ddefnyddid llaeth dafad gennym gan fod mwy o gorff iddo na llaeth buwch. Ond gwaith trafferthus oedd godro'r mamogiaid. Os caech chi hanner peint y dydd oddi wrth famog byddech yn ffodus, ond gellid defnyddio'r cyfan i wneud caws.

Pan oeddwn i'n blentyn byddem yn mynd i Lanwrtyd yn y trap neu ar gefn poni bron bob wythnos, yn dibynnu ar faint o fenyn a wyau oedd gennym i'w gwerthu. Marchogais droeon yn cario dwy fasged, un ar bob braich, menyn yn un a wyau yn y llall. Gwerthais gryn dipyn o fenyn hallt yn ystod y blynyddoedd cyntaf wedi imi briodi, ar ôl imi adael cartref, rhwng 1932 a 1936. Byddem yn corddi 30 pwys o fenyn bob wythnos. Roedd gen i gwsmeriaid fyddai'n prynu menyn bob wythnos, ac fe fyddwn yn rhoi'r gweddill mewn

Ffair Geffylau Llangamarch.

llestr pridd nes fod yna tua 30 pwys. Dygem y llestr i'r Ffair Dachwedd a chael 2 neu 3 ceiniog y pwys yn fwy am y menyn hallt nag a gaem pan oedd yn ffres. Roedd gormodedd o fenyn yn yr haf ac roedd yn anodd i'w werthu. Blynyddoedd gwael oedd 1931-32 i ffermwyr.

Arferid cynnal ffair arbennig yn Llangamarch ar Hydref 15 bob blwyddyn. Ar un adeg, does dim dwywaith, roedd hon y ffair ferlod fwyaf yng Nghymru. Roedd y ffordd yn llawn o geffylau, yr holl ffordd o'r Glasfryn lawr i'r Camarch, i fyny i'r Neuadd, i lawr i'r llyn ac i fyny i Aberceiros. Cannoedd o ferlod! Deuai prynwyr o Sir Fôn ac o bob part o Loegr—o siroedd Northampton, Bedford, Stafford. Ond gwŷr Sir Fôn oedd y prynwyr pennaf o ebolion mynydd. Roedd pobl yn prynu cobiau a cheffylau ond am ferlod mynydd roedd y galw mwyaf.

I gyrraedd y stesion agosaf yn y Garth rhaid oedd gyrru'r ponis yno—tua dwy filltir o ffordd. Doedd 'na ddim prinder helpwyr: roedd plant y pentref i gyd yn barod i yrru'r ebolion ond doedd hi ddim yn hawdd gan fod yr ebolion yn cael eu gwahanu oddi wrth eu mamau ac yn mynnu dychwel atynt. Byddai'r prynwyr o Fôn yn cymryd llawer ohonynt yn ôl i'w ffeiriau eu hunain lle byddai'r Gwyddelod yn dod i brynu.

Pan ddaeth y Swyddfa Ryfel i berchenogi'r Epynt daeth y ffair geffylau i ben. Defaid yn unig a ganiateid i bori ar y mynydd. Bu'n rhaid cael gwared o bob merlyn ar fyrder.

Roedd gan fy nhad, fy nhad-yng-nghyfraith a fy ngŵr ddiddordeb mewn ponis ond ni fydd fy wyrion yn eu canlyn. Bu i fy nhad-yng-nghyfraith ymuno â Chymdeithas Merlod a Chobiau Cymru yn 1904 pan drigai ym Mhant-gwyn. Wrth gofrestru poni rhaid ichi dalu am ragddodiad (*prefix*). Ei 'ragddodiad' ef oedd 'Epynt'. Ar ôl iddo orffen ffarmio fe gymerodd fy ngŵr y rhagddodiad ac erbyn hyn eiddo fy mab, Elwyn, ydyw. Bu iddynt werthu ponis i Denmarc, yr Iseldiroedd, yr Almaen, Canada ac America.

Pan ddaeth y Swyddfa Ryfel i'r Epynt fe gollwyd fy hen gartref i. Ar y pryd roedd fy ngŵr a minnau yn ffarmio ger Merthyr Cynog ac roeddem yn ffodus gan fod ein fferm ni ar y cyrion. Newydd feddiannu rhosfa o'r enw Cwm-brân yr oeddym, ond bu inni ei golli. Bu raid inni werthu'r defaid am bris isel iawn gan nad oedd le iddynt ar y fferm. Bu raid i lawer o ffermwyr werthu eu cyfan a derbyn beth oedd ar gynnig.

Dywedwyd wrthyf gan Mrs Davies ac aelodau eraill o'r teulu fel y bu i do ffermdy Gwybedog syrthio arnynt un diwrnod ac mai bwrdd y gegin a achubodd y plant rhag niwed. Trychineb lawer gwaeth oedd honno a ddigwyddodd yn 1922. Y flwyddyn honno gwerthodd Arglwydd Tŷ Ddewi, y tirfeddiannwr lleol, y rhan fwyaf o'i ystâd, a phrynodd tad Mrs Davies y fferm fel tenant oedd yno eisoes. Ond ychydig fisoedd ar ôl hynny cafodd ei thad ei saethu'n ddamweiniol gan ymwelydd o heliwr. Fe'i cludwyd adref i Wybedog, a daeth llawfeddyg i'w drin yng nghegin y fferm, ond bu farw ychydig ddyddiau'n ddiweddarach. Ysgwyddwyd yr arch bellter o bum milltir i Gapel Cefngorwydd.

Yr hynaf o drigolion yr Epynt

Tynnwyd yn Gwybedog wythnos cyn ymadael.

imi gael y fraint o'i gyf-weld oedd David Lewis ac yntau'n 94 oed, a hynny yng nghwmni ei wraig, Mair, a'i frawd ieuengaf Rhys, oedd yn 91 oed. Roedd y tri ohonynt wedi gorfod gadael Cefnbryn-isaf—lle roedd Mair yn forwyn ar y pryd. Roedd cof rhagorol gan y tri a chefais ganddynt doreth o wybodaeth am fywyd ar yr Epynt cyn 1940. Fel plant eraill Cwm Cilieni a'r cylch buont yn ffyddlon i'r Ysgol Sul ac yno y bu iddynt ddysgu darllen—Cymraeg wrth gwrs—cyn mynd i'r ysgol ddyddiol. Fe gofiai Mair eu bod yn dysgu'r *Rhodd Mam* ac yn darllen *Trysorfa'r Plant*. Cofiai Rhys iddo ef gael 13 o athrawon yn yr ysgol ddyddiol, a hynny'n adlewyrchu'r ffaith fod ysgol Cilieni'n anghysbell a bod yr athrawon yn gorfod lletya yn y cwm yn ystod yr wythnos . . . ac ni fyddai hynny'n apelio lawer at athrawon ifanc, mae'n siŵr. Tir-bach, ger capel y Babell, oedd y llety. Byddai'r plant yn mynychu'r ysgol nes cyrraedd 14 oed. Yr adeg honno (h.y. rhwng 1900 ac 1940) doedd prin neb yn dewis mynd i ysgolion gramadeg Aberhonddu yn 11 oed a lletya yno dros yr wythnos, er bod Olwen Davies, prifathrawes olaf Cilieni, yn tystio fod cymhwyster arbennig gan y rhan fwyaf o'r plant i dderbyn addysg uwchradd. Gwell oedd ganddynt fynd i weithio gartref neu ar fferm gyfagos.

Roedd Rhys Lewis wedi mynd i wasanaethu at berthynas wedi iddo adael ysgol ond fe fu yn Ffair 'Gytuno' Aberhonddu unwaith yn cael lle. Arhosodd David gartref yng Nghefnbryn-isaf, fferm o ryw 114 o erwau. Byddent yn cadw gwartheg Hereford—dyna oedd pawb yn eu cadw yn y cylch—a byddai rhyw chwech o wartheg godro ganddynt. Esboniwyd wrthyf hefyd fod dros 40 o famogiaid yn cael eu godro bob nos a bore yn y tymor priodol. Byddai'n cymryd sbel i glymu'r defaid. Rhaid oedd cael eu pennau trwy ffyn ysgol a pheg dros eu gyddfau i'r llawr i'w dal yn llonydd, ond yn fuan iawn fe ddysgai dafad fynd i'w lle priodol ei hun. Byddai'r teulu'n gwneud cosynnau o 28 pwys yr un ac yn eu cadw, os oedd angen, am flwyddyn neu ddwy, ond gwerthid nifer dda yn Ffair Dachwedd Aberhonddu gan eu cludo yno mewn trap a phoni a gadael y fferm am bump o'r gloch er mwyn cyrraedd yn ddigon cynnar.

Byddent yn tyfu ceirch, barlys a gwenith ar eu tir, ac fe geid cnydau da. Cludid calch o Bontsenni, tunnell ar y tro, gyda throl a thri cheffyl, un o flaen y llall.

Wrth eu holi am enwau'r caeau cefais y rhestr a ganlyn ganddynt, a hynny heb unrhyw atal yn yr adrodd: Cae-bach, Cae Berth Bedw, Cae Arian, Cae Geir, Cae Cefn, Cae Isaf, y Waun, Cae Fedwen, Cae Pori, Cae Rhedyn, Cae Blaen-cwm a Chae Mawr.

Byddent yn cerdded ymhell i eisteddfodau fel, yn wir, y gwnâi'r rhan fwyaf o drigolion yr Epynt. Dyma un ffordd bwysig y byddai teuluoedd a phobl ifanc a phlant yn cyfarfod ac yn dod i adnabod ei gilydd. Tystiai'r ddau frawd eu bod, yn wir, 'yn nabod pawb ar yr Epynt'.

Deuent i adnabod llawer trwy yrru defaid adeg golchi a chneifio, er nad oedd hanner cymaint o ddefaid ar yr adeg honno ag yn awr. Byddid yn crynhoi defaid at gneifio'r noson cynt. Cadarnhaodd David Lewis fod gobaith, ddiwedd y ganrif ddiwethaf, cyn ei eni ef, y byddai rheilffordd yn rhedeg o Bontsenni i Lanwrtyd ac i'r gwaith gael ei ddechrau, ond na fu i'w llwybr gael ei dorri ymhellach na'r Babell. Roedd yn fwriad iddi ddilyn y Cilieni a chroesi'r Epynt i'r gogledd i Langamarch. Pe bai hon wedi ei gorffen byddai wedi bod o gymorth i gludo calch a nwyddau eraill ac wedi arbed cerdded y defaid a'r ponis i farchnadoedd Pontsenni a Llangamarch. Ar nodyn ysgafnach fe gofiai'r ddau frawd rasys ceffylau ar ambell fferm ar y mynydd.

Fferm bur wahanol oedd Berth-ddu, ger Clwyd Watch ar ochr Mynydd Bwlch-y-groes, lle ganwyd Rhys Jones, bellach o fferm Maes-y-coed ger Llanwrda. Mae Rhys yn ddiacon gyda'r Annibynwyr yng Nghefnarthen ond yn fwy adnabyddus mewn cylchoedd amaethyddol fel Rhys y Gaseg Wen, gan ei fod yn marchogaeth yn gyson ar yr Epynt i fugeilia ei ddefaid ar ei chefn. Gŵr rhadlon ydyw, a oedd yn 90 oed yn 1994 pan fûm yn ei gyf-weld, ac un sydd wedi dysgu cyd-fyw â'r fyddin a'r awdurdodau milwrol mewn cyd-ddealltwriaeth sy'n ymylu ar edmygedd. Ar ei gyfaddefiad ei hun fe fu Rhys Jones yn ffodus i gael fferm dda ar lawr gwlad ac fe gawn sylwi eto ar y ffordd y daeth y newyddion drwg iddo ef a'i deulu.

Roedd fferm o'r enw Nant-yr-hebog, yn ogystal â Berth-ddu, yng ngofal y teulu yn 1940, ond haera Rhys Jones fod ei dad yn mynnu fod achau'r teulu ym Merth-ddu'n dirwyn yn ôl i 1464. Nid oedd y teulu, serch hynny, yn berchen y fferm—eiddo Ystâd Llwynbrain ydoedd, ond roedd y berthynas rhwng tenant a landlord yn un dda. Câi'r teulu hawl parod i dorri coed unwaith y flwyddyn at waith y fferm.

Fe gofiai Mr Jones iddo ddechrau'r ysgol yn wyth oed, a hynny yng Nghefnarthen, tua thair milltir a hanner i ffwrdd, ond gadawodd yr ysgol yn 13 oed i weithio gartref. Roedd bachgen o fferm gyfagos, Ffoshwyaid, yn cerdded bedair milltir i'r ysgol. Ei enw ef oedd Emrys Williams. Tystia fod y llwybr yn serth bob cam o Clwyd Watch i Gefnarthen.

Fel eraill o'i genhedlaeth fe gofiai'r eisteddfota aml; enwodd Pentre-tŷ-gwyn, Myddfai, Trecastell a Llanwrtyd fel rhai y bu ynddynt. Bu'n aelod o barti o wyth o fechgyn dan arweiniad John Davies, Bwlch-gwyn a chofiai iddynt ganu 'Way Through the Forest' ym Mhumsaint un tro.

Ymhlith atgofion ei fachgendod mae'r cof am Powell, Blaen-glyn, ffermwr lleol oedd hefyd yn ddoctor gwlad. Roedd brawd iddo'n byw yn Carnau, Llandeilo'r Fân. Os byddai rhywbeth o'i le, at Powell y byddai pawb yn mynd gyntaf. Fe gofiai Rhys Jones fod ei dad wedi cael niwmonia a bod Powell wedi ei alw i'w drin. Ei gyngor oedd: rhoi digon o ddillad ar ei dad ac yna gorwedd arno nes bod ei gorff yn mygu.

Os oedd yr angen yn fwy na'r cyffredin, byddai pobl yn galw am Dr Jeffreys, Pontsenni. Roedd y meddyg hwn yn fawr ei barch gan lawer o drigolion yr Epynt a thystia Rhys Jones i'w ffyddlondeb i'r cleifion.

Er mai fel Dr Jeffreys yr adwaenid ef gan bawb, ei enw llawn oedd John Jeffreys-Powell. Bu farw ar 12 Tachwedd 1936 yn 81 oed ac fe'i claddwyd ym mynwent eglwys Defynnog. Ar 24 Mehefin 1926 fe'i hanrhydeddwyd gan bobl yr ardal. Dyna pryd y tynnwyd y llun ohono. Yn 1962 fe gysegrwyd ffenestr goffa yn eglwys Llywel a roddwyd gan Miss Maude Powell, Isclydach, er cof am ei hewythr.

Fel meddyg cydwybodol ac ymroddgar y caiff ei gofio, er gwaethaf ei ffordd swta ar brydiau. Ni fyddai byth yn gwrthod galwad i ffermydd unig yr Epynt, hyd yn oed gefn gaeaf . . . ac anghofiai ddanfon y bil yn aml! Ond dangosodd y bobl eu diolchgarwch yn eu ffordd eu hunain yn 1926 trwy gyflwyno cyfarchiad iddo ac anrhegion gwerth dros £1,000.

Yn ei thystiolaeth lafar a gedwir yn Amgueddfa Werin Cymru, cyfeiria chwaer Rees Price, Mrs M. Davies, Pengardd, Cefngorwydd at ladd a halltu moch. Ychwanega fod 'bustl

Doctor Jeffreys-Powell, adeg ei anrhegu yn 1926, yn 81 oed.

twrch' (h.y. mochyn) yn ddefnyddiol. Sychid ef yn y llofft nes iddo droi'n fath o 'jeli caled', a byddai 'slenshyn bach' ohono'n medru tynnu draenen o law.

Â rhagddi i sôn am feddyginiaethau cartref. Gan fod galw meddyg yr adeg honno'n ddrud, a'r daith ymhell iddo i rai o'r ffermydd, rhaid oedd i drigolion yr Epynt ddibynnu ar foddion wedi eu cynhyrchu o lysiau a defnyddiau lleol i ddelio ag afiechyd a chlwy. Dywed Mrs Davies y defnyddid llysiau diadwyth (*ground ivy*) ar gyfer annwyd, niwmonia a stumog dost; dant y llew at ben tost; ffa'r gors at gefn tost a'r afu. Rhoddid olew *linseed* a *whiting* ar ddarwden; neu fe ddefnyddid 'whys wyell' (chwys bwyell) trwy losgi gwair a dal bwyell wrth ei ben nes byddai'r chwys (stêm) yn ymddangos yn bothelli, a rhoi hwn yn boeth ar y ddarwden. 'Duwch, ôdd e'n llosgi hefyd!' meddai Mrs Davies. 'A doedd yna ddim byd i'w gâl at y ddannodd, dim ond mynd at Tomos y Gof yn y Gorwydd lle byddai, os ôdd angen, yn tynnu'r dannedd â phinsiwn y gof.'

Ar gyfer clustiau tost fe ddefnyddid llysiau clustiau a dyf ar waliau. Roedd eu dail crynion yn llawn nodd a ddiferid i'r glust. Ar gyfer y ffalwm ar fys, a fedrai fod yn hynod gas a phoenus, defnyddid llysiau'r cŵn wedi'u cymysgu â bloneg. Roedd y dringol neu suran y coed hefyd yn ddefnyddiol at nifer o anhwylderau. Gan fod maleithiau (llosg eira) yn dra chyffredin, defnyddid llysiau i'w llareiddio, ond heb lawer o lwyddiant.

Thomas Price, Gythane.

Mae'n werth cyfeirio at Tom Price, Gythane. Ffarier gwlad oedd ef a roddai ei wasanaeth yn rhad ac am ddim i'w gymdogion ar yr Epynt. Byddai'n cael ei alw i drin rhyw anifail neu'i gilydd bob amser o'r dydd neu'r nos. Ni fyddai byth yn gwrthod ac roedd ei driniaeth yn aml yn hynod o effeithiol. Er mwyn cydnabod ei gyfraniad a datgan eu diolchgarwch fe'i hanrhegwyd â chwpwrdd gwydr hardd gan bobl yr Epynt.

Yng nghwr arall yr Epynt, ar dyddyn Llawrdolau, trigai Edna (Edna Williams, Aberhonddu erbyn hyn) a'i dau frawd. Tystia fod ganddynt 'y byd i gyd iddynt eu hunain'. Cerddai ddwy filltir a hanner i ysgol Capel Uchaf. Roedd ardal Merthyr Cynog yn Gymraeg ei hiaith, meddai, tra bod Capel Uchaf yn ddwyieithog yn ystod ei phlentyndod hi. Arferai fynychu'r capel yn Ebenezer, Capel Uchaf. Hi a adroddodd wrthyf yr wybodaeth am y cwmni yn y llun a dynnwyd y tu mewn i'r Drovers' Arms. Fe'i tynnwyd rywbryd ddechrau 1938, yn y gwanwyn, yn ôl pob tebyg. Mae'r poster ar y mur yn rhag-hysbysu eisteddfod a gynhelir yng Nghapel Uchaf ar 25 Mai. Yn y llun (mewn cap stabal) mae John Watkins, Ffrwd-wen, un o fugeiliaid yr Epynt. Ar y wal fe geir llun o ferch Mrs C Evans, y perchennog, a'i mab-yng-nghyfraith. Adaregwyr yw'r dynion eraill yn y llun, gan gynnwys Oliver Pike o Lundain.

Y tu mewn i'r Drovers' Arms, 1938. John Watkins, Ffrwd-wen, yw'r gŵr ar y chwith.

Yn ôl Mr a Mrs Williams, roedd pobl y mynydd yn bobl ragorol, ac er bod bywyd yn ddigon caled yn aml, roedd yna barodrwydd i ddygymod yn llawen â'r amgylchiadau. Enghraifft dda o hyn oedd yr hanes a gefais ganddynt am deulu ym Mlaentalar yn mynd i'r farchnad Nadolig ym Mhontsenni i werthu dofednod ac i brynu nwyddau ar gyfer y gaeaf. Dechreuodd fwrw eira a hwythau ar eu ffordd adref yn y trap. A dyma'r tad yn dweud wrth y plant, 'Cwatwch o dan y blancedi', ac yna'n troi at ei wraig a dweud, 'Os cyrhaeddwn ni adref fe fyddwn ni'n iawn tan fis Ebrill.'

Dywedodd Mrs Williams wrthyf hefyd am ei phrofiad yn treulio ei gwyliau haf gyda'i hewythr a'i modryb yn y Bwllfa-uchaf. Cofiai ei modryb, gyda balchder, yn dangos iddi goffer oedd yn cynnwys lluniaeth angenrheidiol ar gyfer y gaeaf. Bugail oedd ei hewythr, John Pritchard, a ofalai am ddefaid nifer o ffermwyr a chadw ychydig o ddefaid ei hunan ynghyd â buwch neu ddwy. Cofiai'n dda fel y byddent yn turio am fawn yn y Bwllfa. Un tro, mae'n debyg, daethai ei hewythr o hyd i foncyff derw yn y fawnog. Fe'i dygodd adref a'i osod fel trawst uwchben y lle tân.

Un o blant Gythane, eisoes wedi gadael cartref cyn 1940, oedd Mrs Riggs, sydd bellach wedi ymddeol ac yn byw ym Mhenderyn. Bu hi yn *pupil teacher* yn ysgol Cilieni am gyfnod. Cofiai'n dda fod grŵp drama'n perfformio *Y Canpunt* yn yr ysgol un flwyddyn ac aelodau'r Babell yn actio ynddi.

Yn ei barn hi roedd rhai o'r ffermydd a brynwyd gan yr awdurdodau mewn cyflwr ardderchog ond fod eraill yn 'un cae i gyd', gan nad oedd na therfyn na threfn iddynt. Er hynny, yr un pris gafodd pawb, ac roedd hynny'n annheg yn ei golwg hi.

Ganwyd ei mam, Gwenllian, yng Ngythane, fel ei mam hithau o'i blaen. (Diddorol yw sylwi mor gyffredin oedd yr enw Gwenllian ar ferched yr Epynt, a sylwodd fy nghyfaill y Parch J Edward Williams fod coffa am saith Gwenllian ym mynwent Bethania, Capel Isaf.)

Mrs Riggs a gadarnhaodd yr hyn a glywais gan eraill—i un o drigolion yr Epynt, sef Daniel Jeffrey Price, Cefn-gwyn, a symudasai i Ben-pont, ddychwelyd mewn gwendid i'w hen gartref gefn gaeaf, a threngi yn yr ymdrech.

Fel y gellid disgwyl, mae yna nifer o straeon ysbryd yn gysylltiedig â'r Epynt. Un o'r rhai mwyaf clasurol yw honno'n ymwneud â chwedl Mynydd Bwlch-y-groes. Yn yr hen ddyddiau roedd yn arfer digon cyffredin i weld y pregethwyr yn mynd at eu cyhoeddiadau bob dydd Sul ar gefn ceffyl.

Ar un achlysur, yn ôl yr hanes, roedd un o'r gwŷr bonheddig hyn yn croesi'r Epynt o ogledd Sir Frycheiniog i gyflawni ei addewid i wasanaethu yn Nhrecastell. Tra oedd yn ymlwybro ar ei ferlen drwy rannau gwylltaf y mynydd, sylwodd yr hen ŵr ar ddyn garw ei olwg, a chryman yn ei law, yn aros amdano ar y llwybr. Er ei fod yn teimlo braidd yn anesmwyth, ymlaen yr aeth, ond cafodd ei ddychryn ymhellach pan sylwodd fod y dyn yn brysur yn tynnu gwellt oddi ar fin y cryman. Yn credu'n siŵr fod y dyn dieithr yn bwriadu drwg yn ei erbyn, roedd y gŵr da ar fin troi'n ôl pan yn sydyn ymddangosodd wrth ei ochr ddyn ar gefn ceffyl gwyn, tal a'i hanogodd i gario 'mlaen ar ei daith a'i hebrwng ar ei ffordd gan farchogaeth rhyngddo a'r adyn. Pan drodd y pregethwr i ddiolch i'w warchodwr, darganfu ei fod ef a'i geffyl wedi diflannu.

Blaentalar.

Diwrnod cneifio, Maes-y-beddau, 1922.

Rhyw godi cwr yn unig ar rai agweddau o fywyd yr Epynt a wnaed yn y bennod hon. Mae'n bwysig tanlinellu mai sôn yr ydym nid am na phentref na phlwyf ond am ardal lle roedd pobl yn adnabod ei gilydd. Mae'r drws agored, y croeso i gydnabod a dieithryn, y cymorth wrth amaethu a bugeilia, y cyfeillgarwch mewn hindda ac adfyd, yn tystio i'r dadansoddiad praff a geir gan Alwyn D Rees yn ei glasur, *Life in a Welsh Countryside*, o natur y gymdogaeth arbennig honno a arferai fodoli yng nghefn gwlad Cymru, cymdogaeth wedi ei selio nid ar dref a phentref, ond ar fferm. Mae ei bennod 'Neighbours' yn disgrifio'n dda y math o gymdeithas oedd yn bodoli ar yr Epynt. Meddai,

> There exists in upland Wales a diffused form of society which is not only able to function without a unifying social centre but seems to be opposed to all forms of centralisation. The hearth of the lonely farm itself is the social centre. The traditional social unit does not consist of the environs of a town or village; it is *cefn gwlad*, the neighbourhood in the countryside.

Er mai ugeiniau lawer o ffermydd disberod fyddai'n ymddangos fel patrwm trigiant yr Epynt hanner can mlynedd a mwy yn ôl, y gwir yw fod yno we dyner o gydberthynas wedi ei chreu o ymddiriedaeth a gofal dros ganrifoedd lawer. Gwelodd Waldo'r un math o gymdeithas ar y Preseli—'bro brawdoliaeth' oedd ei ddisgrifiad ef ohoni.

Crefydd a'r Gymdeithas

Ar odreon yr Epynt ceir nifer o gapeli ac eglwysi, ac er na chaewyd ond un ohonynt gan y fyddin, sef y Babell yng Nghwm Cilieni, fe effeithiwyd ar aelodaeth nifer ohonynt gan ddigwyddiadau 1940. Fel y sylwa Ronald Davies yn 1971:

> Roedd tua dwsin o gapeli ac eglwysi yn gwasanaethu'r cylch ac fe gollodd pob un ohonynt rai o'u haelodau, ond er gwaetha'r golled yma o aelodau, bu iddynt gadw ar agor ac maent felly hyd heddiw.

Fel y cawn sylwi, nid yw hyn bellach yn wir.

Nid bwriad y bennod hon yw rhoi darlun cyflawn o fywyd eglwys a chapel yng nghylch yr Epynt. Byddai hynny'n hawlio cyfrol ynddi ei hun. Mae'r ffydd Gristnogol â'i gwreiddiau'n ddwfn yn y cylch ac fe gysylltir nifer o eglwysi â Chynog Sant a flodeuodd yn y chweched ganrif ac a gladdwyd ym Merthyr Cynog.

Mae Ymneilltuaeth wedi ymsefydlu yma ers canrifoedd ac, er bod peth amheuaeth ynglŷn â man ei eni, mae'r traddodiad sy'n clymu John Penri â Chefn-brith yn dal yn gryf ac yn debygol. Ef yn ddiamau yw'r gŵr enwocaf sy'n dal cysylltiad â'r Epynt.

Cefn-brith, c. 1900.

Gweddillion Eglwys Llangynog.

Sefydlwyd achosion Annibynnol a Bedyddiedig yn y parthau o ddechrau'r ail ganrif ar bymtheg. Erbyn diwedd y ganrif roedd nifer o eglwysi'n ffynnu ar ôl yr erlid. Yn unol â Deddf Goruchafiaeth 1688 caniatawyd i Anghydffurwyr addoli ar yr amod eu bod yn trwyddedu eu tai-cwrdd a bod eu pregethwyr hefyd wedi eu trwyddedu. Yn ôl Dr R Tudur Jones, trwyddedwyd tŷ William Prosser yn Llywel ar 14 Gorffennaf 1685. Hefyd ym mis Hydref 1697, trwyddedwyd tŷ Richard Thomas Pugh a thŷ John David Pritchard, yn Nyffryn Honddu; ac yn 1698 trwyddedwyd tŷ Thomas David, eto yn Nyffryn Honddu. Ac er inni gael cyfle i sôn ychydig am y Babell, nid oes ofod i gyfeirio at ddwy eglwys arall sy'n perthyn i'r Eglwys Bresbyteraidd, sef Hermon, Tirabad a Gosen, Cefngorwydd fu'n gwasanaethu nifer o deuluoedd ar ochrau gogleddol yr Epynt. Mae Horeb, capel y Bedyddwyr yng Nghwm-dŵr, rhwng Halfway a Llywel, yn furddyn, a dymchwelwyd Sardis, Llanfihangel Nant Brân yn ystod 1995.

Y rhyfeddod yw fod cymaint o'r achosion crefyddol yn dal ar agor ac yn cynnal oedfaon cyson. Dangosant wydnwch anghyffredin yn nannedd diboblogi a'r dirywiad cyffredinol ym myd crefydd, yn ogystal â drwg effaith colli teuluoedd yr Epynt.

Roedd un eglwys Anglicanaidd, sef Llangynog yn dadfeilio pan oedd Alun Llywelyn Williams yn paratoi ei gyfrol *Crwydro Brycheiniog* tua 1963. Dywed:

> Cof da sydd gennyf am y tro cyntaf yr euthum yn fwriadol i gerdded y wlad hon yng nghwmni cyfaill o Aberhonddu. Rhaid ein bod wedi seiclo o'r dref i fyny dyffryn Honddu i Gapel Uchaf ac yna croesi'r mynydd i dafarn Cwm Owen. Pe baem wedi dal yn ein blaenau, buasem wedi mwynhau olwyno'n braf heibio i eglwys wrthodedig Llangynog, sy'n prysur ddadfeilio yng nghanol ei chylch o goed gwern ar gwr y waun uchel, a thrwy Landdewi'r-cwm cyn disgyn o'r diwedd i Lanfair.

Ceir cyfeiriad byr at Langynog yn ail gyfrol Theophilus Jones (1759-1812), *History of Brecknockshire*, dan y pennawd 'Llangynog or Saint Cynog'. Mae'n dechrau trwy ddyfynnu'r cwpled:

> Llangynog newynog noeth
> Gwae'r ci a welo dranoeth

[h.y., gwae'r ci sy'n rhaid iddo aros yno am ddeuddydd].

Yna dywed:

> Disgrifiad da ydyw hwn o ardal lom, oerllyd. Mae'r eglwys mewn cyflwr adfeiliedig eto er iddi gael ei hailadeiladu ychydig flynyddoedd yn ôl. Mae wedi ei chodi ar ael yr Epynt, ac mae'r trigolion, pan ddychwel y gwanwyn, yn cael y gofid o weld glesni'r dolydd yn Llanddewi'r-cwm am rai wythnosau tra bod eu pridd hwythau wedi ei orchuddio gan gochni neu eira, ac yn gorfod gwrando ar chwa ddeifiol, aeafol yn udo ar hyd y mynyddoedd hyn, tra islaw iddynt mae cysgod, llonyddwch a chysur. Mae tri neu bedwar o ffermwyr, fodd bynnag, yn fodlon ennill bywoliaeth ddigon cynnil trwy hau ychydig erwau o geirch a haidd, sy'n cael eu haeddfedu gan amlaf gan y rhew; ac fe fegir rhai gwartheg celyd a'u bwydo yma. Defaid, fodd bynnag, yw eu prif gynhaliaeth ac mae'n broffidiol iawn ambell flwyddyn heb ymron ddim costau.

Ychwanega fod 'yr ardal fynyddig, dlodaidd yma'n amddifad o unrhyw ddigwyddiad a diddordeb yn ei hanes, ei phridd na'i chynnyrch'. Dywed fod cofrestr yr eglwys yn mynd yn ôl i 1745. Mae'r fynwent gron yn awgrymu mangre gysegredig a hynafol; ac er gwaethaf ofnau Theophilus Jones mae yna bobl yn fyw sy'n cofio mynd i oedfa ddiolchgarwch yn yr eglwys mor ddiweddar a 1940.

Nid yw disgrifiad yr hanesydd o eglwys Merthyr Cynog yn galonogol ychwaith: 'Mae'r eglwys hon, fel y rhan fwyaf o eglwysi gwledig ym Mrycheiniog, ac mae gen i ofn yng Nghymru, yn debyg i ysgubor i'r hon y bwriwyd iddi rywbeth yn debyg i ffaldau defaid.' Dywed hefyd am y plwyf 'mai prin yw'r teuluoedd, o hyd yn oed enwogrwydd dros dro, a godwyd o fewn ei derfynau'. Ond nid oedd ef i wybod y byddai Roger Price (1834-1900) yn cael ei eni yn Alltarnog, ger Capel Uchaf. Tyfodd ef i fod yn un o genhadon amlycaf ei ddydd. Roedd yn gyfaill i David Livingstone, a'i ail wraig oedd chwaer Robert Moffat. Bu ei gysylltiad â gwlad Bechwana yn un nodedig, ac enillodd iddo'i hun yr enw 'Llew Bechwana'. Mynn E Lewis Evans yn *Y Bywgraffiadur Cymreig* mai yn Peityn Glas yn is i lawr Dyffryn Honddu, ym mhlwyf Llandyfaelog, y cafodd ei eni; ar ba sail nis gwn. Ceir tabled goffa iddo ym Methania, Capel Isaf, a gwyddom iddo ymaelodi yno'n ddyn ifanc.

Roger Price, y cenhadwr a'i deulu.

Yn fwy cyfoes â Theophilus Jones roedd gŵr o'r enw David Price (1762-1835). Fe'i ganwyd yntau ym Merthyr Cynog ychydig cyn i'w dad (o'r un enw) gael ei ddyrchafu'n ficer Llanbadarn Fawr, ger Aberystwyth. Ar ôl un tymor yng Ngholeg Iesu, Caer-grawnt, ymrestrodd (yn herwydd tlodi ac afradlonedd) ym myddin yr East India Co, a gwasanaethodd yn India o 1781 hyd 1805 pryd y dychwelodd yn weddol gyfoethog i fyw yn Aberhonddu. Ymroes i astudiaethau llenyddol. Argraffwyd ei lyfrau yng ngwasg leol Priscilla Hughes; y mwyaf adnabyddus yw ei *Mohammedan History* (1811-1812)— gwaith ysgolor cywir a manwl, serch ei arddull gwmpasog. Derbyniodd fedal aur yr Oriental Translation Committee yn 1830; cyfrannodd hefyd i gylchgrawn y Royal Asiatic Society, a gadawodd iddynt ei gasgliad gwerthfawr yn cynnwys tua 70 o lawysgrifau orientalaidd gwerthfawr.

Ger Dyffryn Honddu (Capel Uchaf) cawn wybod gan Theophilus Jones fod y Login yn ymuno â'r Honddu, ac wrth gerdded i fyny Cwm Login deuwn yn fuan i'r mynydd-dir, 'lle nad oes prin dŷ i'w weld ar wahân i "got" neu ddau ym mlaen yr Honddu, yn dwyn yr enw Pentre Blân Dôl Honddu . . . Ystyrir hawliau'r comin ar y mynydd yn gryn fantais . . . gan eu bod yn cynhyrchu arian tuag at dalu rhenti'r ffermydd bach ar dir uchel, lle na fedrir codi llawer o ŷd'.

Wrth gyfeirio at Dirabad, digon nawddoglyd, yn ei ffordd ffroenuchel arferol, yw Theophilus, ond perthnasol yw ei sylw am natur y ffermio mynyddig yn y fro: 'Tyfir cnydau digon tenau o geirch a haidd sy'n cael eu haeddfedu gan y rhew yn ddiweddar yn yr hydref . . . ac ar dir a elwir yn ddolau maent yn torri gwair rhos cwta a gesglir ac a gludir mewn cynfasen.' Â rhagddo (eto'n nawddoglyd!) i ddweud fod rhai o'r trigolion yn hoffi byw yn yr ardal a bod natur yn eu had-dalu, ac yn dangos tosturi tuag atynt. 'Pan fyddant,' meddai, 'yn dioddef o ryw afiechyd a achosir gan dlodi a budreddi, fe ofalodd natur fod ffynnon yn llifo, yn llawn o swlffwr, yn debyg i'r un yn Llanwrtyd.' Ychwanega mai ar dir annedd o'r enw Trelaeth, mewn man yn dwyn yr enw Pyllau Da Probert, y mae'r ffynnon.

Eglwys Tirabad.

Mae'n anodd meddwl am fangre fwy deniadol na lleoliad yr eglwys yn Llandeilo'r Fân. Gynt roedd yn bur anghysbell gan ei bod ym mlaen y cwm wrth uniad y Fawen a'r Eithrim. (Talfyriad o Fawen yw Fân.) Cyn i'r fyddin ddod ac agor eu ffyrdd costfawr, nid oedd ond llwybrau digon garw o'r pentref i'r Epynt. Ond er bod y pentref bach yn ymddangos yn anhygyrch, hyd yn oed heddiw, gan ei fod tua phum milltir o Bontsenni, diddorol yw'r adroddiad sy'n rhoi cyfrif poblogaethau plwyfi Brycheiniog yn 1673 yn *State of the Population of the County of Brecon in 1673—return by the Churchwardens to a Commission issued by the Archbishop of Canterbury in that year*, ac sy'n cofnodi bod 408 o bobl ym mhlwyf Llandeilo'r Fân. Mae'n wir fod 550 wedi eu rhifo ar gyfer plwyf Llywel ond roedd hyn yn cynnwys Trecastell a fu, cyn dyfod y rheilffordd i Bontsenni, yn bentref marchnad o gryn bwys. Mae'r cyfanswm o 408 wedi peri peth syndod i'r sawl a fu'n gyfrifol am gyhoeddi'r ffigurau am y gwahanol blwyfi, gan ei fod yn ei sylwadau'n ychwanegu, 'It is astonishing what could have produced so great a population in a hilly barren parish at this period'! Rhan o amcan casglu'r ffigurau oedd crynhoi gwybodaeth am rifau Anghydffurfwyr a Phabyddion, ac yn ôl yr adroddiad roedd dau Babydd yn Llanfihangel, a saith Anghydffurfiwr ym Merthyr Cynog a phedwar yn y Trallong. Maentumir, gyda llaw, fod poblogaeth Merthyr Cynog yn 720. Fe fyddai angen mwy o ymchwil i gadarnhau gwerth y ffigurau hyn.

Eglwys Merthyr Cynog.

Ac eto mae'r ffigurau ar gyfer plwyf Llangynog yn swnio'n agos i'w lle. Yn ôl yr adroddiad roedd 51 o bobl yn y plwyf hwnnw yn 1673. Yn ôl cyfrif arall, *Returns of the State of the Population made by the Constables of the Different Parishes of 1801*, roedd yn yr un plwyf wyth o deuluoedd mewn wyth tŷ annedd (a dau'n wag) yn rhoi cyfanswm o 40,

37 ohonynt yn gweithio mewn amaethyddiaeth a thri mewn masnach neu grefft. Yn ôl cyfrif 1841 roedd 54 o bobl yn byw yno.

Yn Llandeilo'r Fân yn 1801 cyfanswm y boblogaeth oedd 545, a phawb mewn amaethyddiaeth ac eithrio 21 mewn masnach neu grefft. Mae'n anodd tynnu casgliadau pendant o'r ffigurau hyn heb ragor o ymchwil, ond mae'n gywir haeru fod poblogaethau'r plwyfi ar odreon yr Epynt, oedd wrth gwrs yn ymestyn i'r mynydd ei hun, yn awgrymu bod yma gymdeithas fwy poblog nag a faentumiwyd gan ambell deithiwr brysiog.

Côr plant Llandeilo'r Fân, 1919.

Rhyw bedair milltir i'r dwyrain o Landeilo'r Fân gorwedd pentref deniadol arall, sef Llanfihangel Nant Brân, ac mae'n werth yr ymdrech i deithio tuag ato o'r gorllewin yn hytrach nag o gyfeiriad Aberhonddu, a chael cyfle i edrych i lawr arno yn ei lonyddwch prydferth.

Ysgrifennwyd peth o hanes y plwyf yma gan rai o drigolion yr ardal yn 1961 ac mae'n cynnwys cryn dipyn o wybodaeth ddefnyddiol. Cyfeirir ynddo at eglwys y plwyf a gafodd ei hatgyweirio'n helaeth yn 1865 wedi blynyddoedd o esgeulustod. Mae'n amlwg fod eglwys wedi bod yma ers canrifoedd lawer; mae'r grog-lofft yn hen iawn ac mae'r tŵr anferth yn hŷn na'r eglwys. Nodir bod aelodaeth yr eglwys rhwng 1923 ac 1928 wedi syrthio i 24. Cyfeirir at gyfarfod diolchgarwch yn 1923 pryd y traddodwyd pregeth ysbrydoledig yn Gymraeg gan y ficer, yn oedfa'r nos. Pregethwyd, yn Gymraeg eto, gan ficer Merthyr Cynog, yn y prynhawn. Erbyn 1954 roedd yr aelodaeth tua 45.

Cynrychiolir yr Eglwys Bresbyteraidd yn y pentref gan gapel Bethel ac mae peth o hanes ei ddechreuad yn haeddu sylw. Ysgrifennodd gŵr o'r enw Samuel Pugh lythyr i un o gylchgronau ei enwad tua 1857. Ynddo cawn wybod am y berthynas gynnes a fodolai ar y cychwyn rhwng y Methodistiaid a'r Eglwys:

> Yr oedd undeb perffaith rhwng yr Eglwys Wladol a'r Methodistiaid tua phedwar ugain mlynedd yn ôl [h.y., tua 1777]; yno y derbynient y Cymun . . . Offeiriad duwiol oedd y Parch John Williams, ac fe letyai yn Cwmcynog . . . Deuai yntau i'w society hwythau bob amser, ba le bynnag y cynhelid hi; byddai hefyd bob amser yn eu cyfarfod gweddi. Yr oedd Ysgol Gymraeg wedi ei chynnal ganddynt ar nosweithiau yn yr wythnos, er mwyn cael John Williams i'w hyfforddi, a byddai gyda hwynt bob amser.

Ar ôl ei ddyddiau ef surwyd y berthynas gynnes yma, a'r 'Methodistiaid yn cael eu gwrthod gan yr Eglwys Wladol'.

Ceir cyfeiriad diddorol at gymundeb mawr Llangeitho yn y cyfnod cynnar: 'Byddai yr Eglwys hon, fel eglwysi eraill yr amser hyn, yn ymweled yn fynych â Llangeitho, dros fynyddoedd meithion heb ffordd, i fwynhau cymdeithas nefolaidd ei gilydd. Teithient ar hyd y nos, gan nad oedd eu hamgylchiadau yn caniatáu iddynt fyned na dychwelyd ar hyd y dydd'—hynny yw, ni fedrent fforddio colli diwrnod o waith.

Cwyna'r llythyrwr nad yw'r *Drysorfa* wedi rhoi unrhyw sylw i hanes Methodistiaeth yn y gornel fach yma o Gymru. Enwir nifer o arweinwyr yr achos dros y tri chwarter canrif cyntaf. Dyna Thomas Evans, Carnau (ar yr Epynt), 'gŵr tanllyd o dymer, parod iawn i fynd i hwyl', a John Jones, Tir-cyd (eto ar yr Epynt) oedd 'ŵr llariaidd a fyddai'n atal Thomas Evans rhag mynd i eithafion yn ei ffitiau gwresog'. Canmolir yr arweinwyr cynnar am eu duwioldeb a'u sêl. Ond roedd yn aros yn eu plith un 'oedd yn gyfaill i'r hen bregethwyr dros gyfnod o ddeugain mlynedd, yr hwn a groesodd Epynt gannoedd o weithiau i'w hôl a'u hebrwng'.

Parhaodd ardal Llanfihangel Nant Brân yn Gymraeg ei hiaith hyd at ddiwedd yr Ail Ryfel Byd. Sylwais fod y cyngor plwyf yn 1897 wedi penderfynu cadw ei gofnodion yn Gymraeg.

Capel Sardis, Llanfihangel Nant Brân, 1914.

Capel a fu o fewn trwch blewyn i gael ei feddiannu oedd Sardis, Llanfihangel Nant Brân. Mae ysywaeth wedi cau ac fe'i dymchwelwyd yn ystod paratoi'r llyfr hwn. Fe godwyd y capel cyntaf yn 1822, a'i ailadeiladu yn 1914, ar dir Blaendyrrin, ac o fewn canllath i'r raens. Mae llyfr cyfrifon ariannol yr eglwys yn fy meddiant—fe'i benthycais oddi wrth drysorydd ac ysgrifennydd olaf y capel, sef Gwyn Price sy'n byw yn ffermdy hynafol Blaendyrrin gerllaw, ac a fagwyd yn y Graig, un o ffermydd yr Epynt a feddiannwyd gan yr awdurdodau. Fel cynifer o blant yr Epynt, mae Gwyn Price yn arbenigwr ar geffylau ac wedi parhau i fagu ac i werthu ebolion yr Epynt i bedwar ban byd. Bu am gyfnod yn gadeirydd y Welsh Pony and Cob Society, anrhydedd a haeddai am ei waith yn hybu gwella stoc merlod a chobiau Cymru.

Gwaetha'r modd, nid yw'r llyfr cyfrifon yn dirwyn yn ôl ymhellach nag 1927, ond ar gyfer y flwyddyn honno fe nodir 51 o aelodau, gan gynnwys pedwar o Flaentalar, pump o Ynys-hir, pedwar o Flaenegnant a chwech o'r Graig. Roedd y rhain i gyd yn ffermydd ar yr Epynt a'r bellaf ohonynt, Blaenegnant, rhyw dair milltir o'r capel. Fe gofia Gwyn Price am blant Ynys-hir yn cerdded i ysgol Llanfihangel Nant Brân ym mhob tywydd, dros bedair milltir o daith. Roedd rhai aelodau Sardis yn byw ym Mlaen-car a Car, ffermydd unig ym mherfedd yr Epynt ar lan afon Ysgir yn y cwm nesaf.

Collwyd nifer o'r aelodau hyn yn 1940 ar ôl eu bwrw o'u ffermydd. Un ohonynt oedd Benjamin Price. Gorfu iddo ef a'i wraig a chwech o'r plant symud o Dir-cyd i Goedcaedu, Penderyn. Fe gafodd ei siomi'n fawr gan y symud, fel y tystia ei fab, Evan Price, sydd wedi ymddeol i Langatwg ger Castell-nedd, yn ei atgofion difyr a ddanfonodd ataf. Roedd ei dad yn ddiacon yn Sardis ac yn mynychu'r capel dair gwaith y Sul. Byddai gweinidog o Lanfferi, Caerfyrddin, gŵr a'i gyfenw Pritchard, yn dod i wasanaethu unwaith y mis ar un cyfnod a byddai'n aros o ddydd Sadwrn tan fore Llun dan gronglwyd y diaconiaid yn eu tro. Cofia Evan Price y byddai'n arfer ganddo ddod â chwdyn o felysion i'w gyflwyno i wraig y tŷ. Cludai gydag ef hefyd foddion at bob clwy, i'w rannu. Roedd yn dipyn o gymeriad, mae'n amlwg, a phawb yn hoff ohono. Dywedai Benjamin Price amdano, nad oedd 'y gorau o bregethwyr, ond roedd yn fugail rhagorol'. Pan fyddai rhywun yn sâl byddai'n ymweld â'r claf cyn dychwelyd fore Llun, capelwr neu beidio.

Ychwanega Evan Price fod myfyriwr o'r enw Jaffeth Evans wedi dod i ofalu am Sardis a Soar ar un cyfnod ac iddo 'fod yn aros hefo ni yn Nhir-cyd, lle roedd ganddo ystafell at ei iws ei hun, ond gan amlaf byddai gyda ni. Fe arhosodd am saith mlynedd cyn ymadael a chymryd gofal capel ym Mangor. Yn ddiweddarach aeth yn athro ysgol.'

Yr unig gapel a gaewyd dan orchymyn y llywodraeth yn 1940 oedd y Babell, Cwm Cilieni, capel y Methodistiaid Calfinaidd a adeiladwyd yn 1857. Rhoddir inni beth o hanes yr achos gan Ronald Davies yn ei gyfrol *Epynt Without People*:

> Roedd y rhan fwyaf o bobl Cwm Cilieni yn aelodau yn y Capel Methodus a elwir y Babell. Fe gollodd y capel bychan yma ei aelodau i gyd pan ddaeth y Raens, ac erbyn heddiw (1971) mae'n adfeilio'n gyflym. Golygfa ofnadwy yw gweld y Babell heddiw yn edrych wedi ei esgeuluso cymaint, gan ei fod yn arfer cael ei gadw mewn cyflwr perffaith gan ei aelodau.
>
> Fe'i hadeiladwyd yn 1857 ac roedd yn nodweddiadol o'r rhan fwyaf o gapeli Methodus y cylch. Roedd wedi ei godi ger Tir-bach, ar ochr y ffordd, fel yr oedd y pryd hynny. Nid oedd oriel iddo a chodwyd festri fach wrth ei ochr. O dan y festri roedd stabl, gan ei bod yn arfer i lawer ddod i'r capel ar gefn ceffyl. Byddai'r gwragedd yn marchogaeth lled-ochr ar y cyfrwy, a byddai'r ponis yn cael eu clymu yn y stabl yn ystod y gwasanaeth. Uwchben y stabl roedd y festri ac esgynnid iddi drwy ddringo grisiau cerrig. Pan fyddai eisteddfod neu ryw wasanaeth mwy na'i gilydd yn y Babell, codid y llen bren rhwng y festri a'r capel fel y gallai'r bobl yn y festri weld i mewn i'r capel.

Gweinidog, aelodau a phlant Sardis, 1922.

Diaconiaid a gweinidog (a phlentyn), Sardis, 1922.

Rhai o wragedd Sardis, 1922.

Yng nghanol y capel safai stof 'tortoise' i wresogi'r capel, ac fe'i goleuwyd gan lampau paraffin. Roedd yna lamp brydferth yn hongian yng nghanol y capel.

Tu ôl i'r capel roedd mynwent fechan, ac fe gafwyd angladd neu ddau yn y Babell wedi iddo gau.

Yn 1856, felly, penderfynwyd codi'r capel a threfnwyd casgliad i adeiladu cronfa. Yn ôl yr arysgrifen ar fur y capel, 1857 oedd blwyddyn sefydlu'r achos, ond o 1859 ymlaen y ceir adroddiad o aelodau'r capel a'u cyfraniadau ariannol. Yng ngofal David Lewis, gynt o Gefnbryn-uchaf, ysgrifennydd olaf y capel, y mae'r llyfr cofnodion. Sylwa Ronald Davies, 'Nid yw'r swm o £186 yn ymddangos yn swm mawr i ni heddiw, ond mae'n rhaid ei fod wedi golygu ymdrech fawr i bawb yn y fenter i gyfrannu cymaint â hynny yn nyddiau caled y bedwaredd ganrif ar bymtheg.'

Capel y Babell, 1979.

Y Parchedig William Jones.

Ceir gan yr un awdur dystiolaeth haeddiannol i'r Parch William Jones, y gweinidog olaf. 'Roedd yn ŵr rhagorol, yn cael ei barchu gan hen ac ifanc. Dechreuodd ar ei weinidogaeth yn 1906 a dod i'r Babell yn 1909 ac ef oedd y gweinidog nes cau'r capel yn 1940.'

Cawn wybod ym mlwyddlyfr 1917 fod nifer y cymunwyr yn y Babell yn 49, a'r plant yn 27, a chyfanswm y gynulleidfa yn 76. Roedd 26 o blant yn yr Ysgol Sul a chwech o athrawon. Yn y blynyddoedd 1920-21 ymadawodd 11 o aelodau trwy lythyr ac yn 1922 cawn fod yr aelodaeth yn 43. Erbyn 1938 roedd yno 34 o aelodau—21 o bum teulu; ac yn 1940, pan ddaeth y cyfan i ben, roedd yna 30 o aelodau, o'i gymharu â 54 yn 1859.

Mae'n briodol codi ambell bwynt o'r llyfr cofnodion. Yn 1875, er enghraifft, ceir y cofnod, 'To the Pregers sum of £10/12/6' ac yn 1862 ceir pennawd, 'Taliadau i llefarwrs'!—dau ddisgrifiad newydd, dybia i, o bregethwyr y Gair!

Dengys y cofnodion fod pregethwyr a gweinidogion yn ymweld yn aml â'r Babell, pa mor anghysbell bynnag yr ymddangosai i rai pobl. Ym mis Medi 1860 cafwyd naw o ymwelwyr, a naw wedyn ym mis Hydref. Ym mis Gorffennaf 1861 cafwyd naw o oedfaon pregethu ac wyth ym mis Medi. Cafwyd wyth ym mis Mai 1862—ar ddyddiau gwahanol o'r wythnos; ac 11 yn Awst. Roedd wyth ym mis Ionawr hyd yn oed. O gymryd mai un oedfa bregethu a gaed ar y Sul, mae'r rhifau hyn yn awgrymu cyrddau pregethu cyson yn ystod yr wythnos. Byddai ymweliadau fel hyn yn dwyn nid yn unig wynebau a lleisiau newydd i Gwm Cilieni, ond hefyd newyddion a gwybodaeth o gylch ehangach.

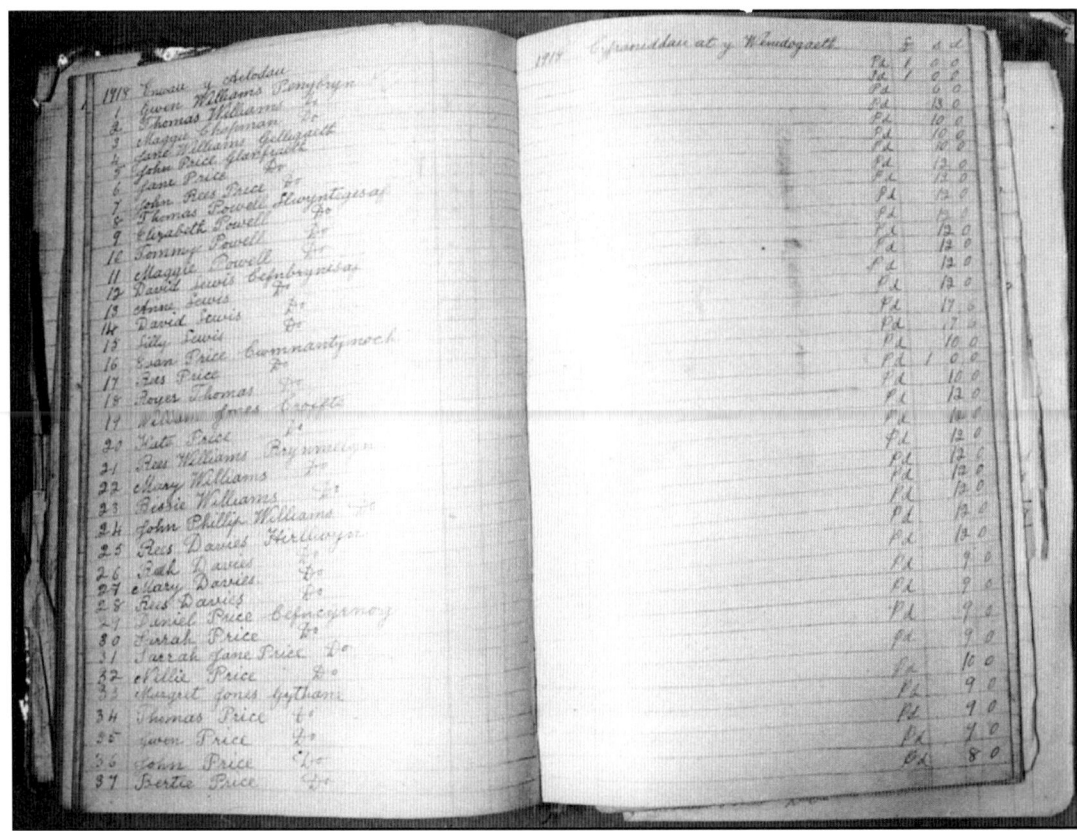

Llyfr cyfrifon y Babell.

Buddiol fydd nodi enwau cartrefi'r aelodau yn 1859. Dyma'r rhestr gyflawn gyntaf sydd ar gael. Mae'r mwyafrif llethol ohonynt ar yr Epynt: Brunant, Cwm-nant-y-moch, Abercyrnog, Cefn-gwyn, Mynydd-bach, Llwyn-coll, Pantllefrith-fawr, Pantllefrith-fach, Brynmelyn, Blaen-nant-maen, Pentre-llandilo, Waun-fawr, Tanylan, Blaencyrnog, Brynmeheryn, Rhulan, Hirllwyn, Tirymynydd, Ty'n-y-cwm, Waun Lwyd, Tir-bach, Gilfach-yr-haidd, Gythane, Llanfraith, Pantyblodau.

Mae 54 o enwau yn y rhestr aelodaeth ac mae'r cyfraniadau misol yn amrywio o 1/8d. i ryw dair ceiniog. Casglwyd cyfanswm o £7/1/0 am y flwyddyn.

Mewn ôl-nodyn cawn wybod fod saith wedi eu diarddel yn ystod y flwyddyn (sef 1859); fod un wedi marw; fod yna 46 yn aros ar y llyfrau 'oll yn gyflawn aelodau'. Ceir nodyn ychwanegol sy'n datgan fod y 'llechres uchod yn dangos nad yw pawb ohonom hyd yma wedi talu fawr o sylw i Erthygl 27ain yn rheolau disgyblaeth y Cyfundeb. Ac a ydym wedi sylwi digon ar Erthygl 17 hefyd. (Ysg.)' Wedi holi deallaf mai cyfeirio wna'r erthyglau at ddarostyngiad a dyrchafiad Crist, a sancteiddhad. Mae'r erthyglau gwreiddiol yn gynhwysfawr a dysgedig ac mewn Cymraeg rhywiog. Awgryma'r cyfeiriad noeth fod yr aelodau'n gyfarwydd â nhw.

Erbyn 1889 ceir bod anheddau eraill wedi eu hychwanegu at y rhestr uchod, sef Carllwyn, Tre-laeth, Llwynteg-isaf, Cefnbryn-isaf ac -uchaf a Pentre-uchaf. Yn 1890 cyfrannwyd at y weinidogaeth £11/6/0; at y genhadaeth gartrefol 12/-; at y genhadaeth dramor 10/-. Yna fe â'r rhestr rhagddi fel hyn:

At y fun y shire [h.y. *furniture*]	15/0
At y Jubilee genhadaeth dramor	£6/11/6
trael yr ysgol Sul	7/0
Talwyd at y fygeiliaeth	7/0
am y gwin	4/0
am y camwyllau	5/9½
am y glo	9/6
am gyni tan	6/0
am y canwllasenau	3/1
am adnewyddu y capel	4/0
Yn llaw y trysorydd diwedd y flwyddyn	£3/9/8½

Ysgrifennodd Annie Mary Williams, a fagwyd ar fferm Tir-bach yn union uwchben y capel, gân i grisialu ei hatgofion:

Y BABELL

Rwy'n cofio fel y cerddwn
Flynyddoedd rai cyn hyn
I'r moddion ar y Sabath
I Babell ar y bryn;
A chofio wnaf tra byddaf byw
Fel byddai'r Saint yn moli Duw.

Rwy'n cofio y pregethwr
A'i seiat ar nos Lun,
A phawb yn dweud ei adnod
Neu weddio ar ei lin;
A chofio wnaf tra byddaf byw
Fel byddai'r Saint yn canmol Duw.

Rwy'n cofio cyrddau gweddi
Ac Ysgol Sul y plant,
A nifer wedi cerdded
Dros ddôl a bryn a phant;
A chofio wnaf tra byddaf byw
Am ffydd y Saint yn moli Duw.

> Mae'r capel yno heddiw
> Ond gwag a heb un sedd,
> Mae'r tanau wedi'u diffodd;
> Rhai'n huno draw mewn bedd;
> Ond cofio wnaf tra byddaf byw
> Am ffydd y Saint yn caru Duw.

Ganwyd Mrs Williams, fel y gwelsom eisoes, yn 1910 yn Tir-bach. Symudasai ei rhieni yno yn 1907 a thalu rhent am y fferm fach, rhyw 60 erw o faint, i Bowelliaid Isclydach, cyn ei phrynu rywbryd yn ugeiniau'r ganrif. Roedd hi'n un o bump o blant ond bu farw dau frawd iddi'n fabanod a brawd arall yn ei arddegau o'r clefyd melys.

Eglwyswyr oedd ei rhieni, ond roedd y Babell wrth garreg y drws a chan fod taith o dair milltir i Lanfihangel Nant Brân, rheitiach oedd ganddynt fynychu'r capel. Yng ngofal y teulu yma roedd y capel, ac o ganlyniad, mae rhai o atgofion Mrs Williams yn fyw iawn.

Roedd hi eisoes wedi ymadael â'i chartref yn 1940 ac yn cadw siop ym Mhontsenni. Ysgrifennodd beth o'i hatgofion a dyma a ddywed am y Babell, wedi ymweliad hiraethus yn ddiweddarach:

> Bûm yn ôl i Tir-bach un mis bach. Yr oedd y niwlen a'r glaw mân yn gwneud popeth i edrych yn waeth . . . a gwyddwn yn fy nghalon na fyddai amgylchedd y Babell fyth eto yr un fath. Gresyn oedd gweld y coed blannodd fy nhad a Defi Lewis, Cefnbryn a minnau yn dal i dyfu er maint sŵn y gynnau mawrion ar y Range. Yr oedd atgofion melys yn dod yn ôl wrth weld yr hen ffermydd lle roedd pobl, ceffylau a chŵn yn cyd-deithio i'r oedfa . . . Tua mis Mawrth byddai'r eisteddfodau mewn bri. Byddai'r côr plant yn cystadlu ym Mhontsenni a'r Onllwyn neu Coelbren, ac yr oedd eisteddfodau Beili-du, y Babell a Hermon (Tirabad) yn cael cystadleuwyr o Myddfai, Llanymddyfri a Halfway a thros y mynydd o Lanfihangel Nant Brân, Pont-faen, Capel Uchaf a Merthyr Cynog. Yr oedd yn ddau o'r gloch y bore cyn i'r eisteddfod derfynu yn aml.
>
> Y gweinidog oedd yr arweinydd yn ystod y 30 mlynedd roeddwn i'n eu cofio, ac yn aml byddai'n rhaid iddo fynd lan i'r llofft fach i gadw trefn ar yr ieuenctid. Yr oedd oriau hir iddynt fod ar eu traed ac yr oeddynt yn flinedig ac anesmwyth. Byddai rhai ohonynt yn gwneud pelen o bapur candi o siop fach Miss Morris ac yn ei daflu at ryw ferch smart er mwyn tynnu ei sylw—ac ambell waith at yr arweinydd druan.
>
> Doedd 'na ddim trydan na nwy i oleuo a chynhesu, dim ond rhyw dair o lampau paraffin a stof ddu yn y canol i roi gwres; a gallaf weld yr hen *dortoise* ar glawr y stof yn awr a'r geiriau 'Slow but sure' wedi eu hysgrifennu oddi amgylch iddi. Do, fe gynnais yr hen stof rai cannoedd o weithiau—yn hel brigau coed o amgylch y caeau yn Tir-bach ac yn dodi twr bach yn y stabal yn barod erbyn bore Sul ac erbyn y cwrdd gweddi nos Lun. Yr oeddem yn cael seiat y Llun cyntaf yn y mis, ac yr oedd oedolion yn dweud adnod fel ag yr oeddem ni y plant yn ei wneud, gan sefyll yn rhes o amgylch y sêt fawr. A dyna sydd yn dal yn fy nghof hyd heddiw yw'r adnodau a ddysgais yn groten.
>
> Ar fore Nadolig yr oeddwn yn codi am bump o'r gloch er mwyn cael y capel yn gynnes ac yn olau yn y tywyllwch dudew. Rhyw fath o ddychryn fyddai arna i y bore hwnnw ac yn arbennig os byddai angladd newydd fod yn y fynwent, er bod y meirw'n ddigon diniwed, druain; ond yr oedd ambell stori am weld ysbryd yr adeg hynny a minnau'n ddigon dwl i gredu'r storïau.
>
> Yr oeddwn yn hoffi'r blygain yn fawr. Rhyw bedwar neu chwech o'r blaenoriaid yn darllen neu weddïo a'r canu'n fendigedig am chwech y bore'n brydlon. Hyfryd oedd gweld y goleuon yn dod o bob cyfeiriad, ac ambell fflach hwnt ac yma'n chwilio am y pontydd pren i groesi'r afon.

Ar ôl dod adref o'r blygain byddai taclu [paratoi] mawr erbyn y ginio Nadolig. Tynnu un o'r *plum puddings* oedd yn hongian ar fachyn dan y llofft a 'nhad yn torri sleisen biwr o gig mochyn i ddodi dros frest y twrci neu gyw iâr. Doedd e ddim yn fodlon cael gwyddau o gwmpas y fferm; dywedai eu bod yn rhy frwnt. Weithiau fe brynai beth oeddem yn galw y pryd hynny 'Michaelmas Goose' oddi ar y sofl a doedd y rhai hynny ddim yn rhy fras.

Yr oeddem y rhan fynychaf yn magu hwyaid erbyn y Sulgwyn a chael hwyaden i ginio. Ar y Llungwyn roedd y Pwnc Mawr yn Defynnog, a Crai a Threcastell. Byddai'r saith Ysgol Sul yn rhannu pennod rhyngddynt ac mi fyddent yn cael cwrdd dau fisol yn eu tro; Gorffennaf oedd y mis y cynhelid ef yn y Babell, ac yn hwn roedd yr arholiad yn cael ei ddewis. *Rhodd Mam* fyddai i'r ddau ddosbarth 8 a 10 oed. *Hanes Iesu Grist* i'r plant 12 a 14 oed, a phennod i rai heb ennill o'r blaen, ac yn agored. Os byddech yn gyntaf neu'n ail celech lyfr yn wobr, ond yr oedd tystysgrif i bob un oedd wedi cystadlu. Buodd Mr Henry Jones y Cwm yn ysgrifennydd y cwrdd dau fisol am flynyddau, ac yn rhoi her i bob capel wneud ei ran i ledu'r gyfrinach.

Y Babell, 1979.

Tystia Mrs Williams mai Saesneg oedd iaith yr ysgol ddyddiol yng Nghilieni ond roedd wedi dysgu'r wyddor yn Gymraeg cyn mynd i'r ysgol honno—ac fe gofiai mai Defi Lewis (yr hynaf) o Gefnbryn-isaf a'i dysgodd. Cofia'r pregethwyr yn dod yn eu tro ac fe siarada'n gynnes iawn am William Jones, ei gweinidog. Dangosodd imi dystysgrif a enillodd am basio arholiad 'Ysgolion Sul y M.C., Dosbarth Trecastell 1931. Maes Adrodd—Efengyl Ioan Pennod VI. Y wobr flaenaf 12/6'. Roedd y wobr yn un sylweddol yn arian y cyfnod, a'r orchest oedd dysgu 71 o adnodau ar y cof. Fe sylwir bod yr enillydd tua 21 oed ac fe ddywedodd wrthyf mai oherwydd iddi gael ei chaethiwo i'w gwely am chwe mis, yn gyntaf gan lid yr ysgyfaint ac yna gan *rheumatic fever*, y cafodd hamdden i ddysgu'r adnodau.

Bob mis Mawrth cynhelid eisteddfod y Babell, ond un flwyddyn syrthiodd yr eira'n drwm yn ystod y mis hwnnw ac fe'i gohiriwyd tan fis Ebrill. Cofia Mrs Williams (fel yn wir y cofia eraill o gyn-aelodau'r Babell) am bwyllgor yr eisteddfod yn cyfarfod yn y capel, ond un o'r dyletswyddau cyntaf fyddai danfon un o'r aelodau at ei thad, William Price, i ofyn am *Old Moore's Almanac*, er mwyn dewis noson olau leuad—lleuad lawn! Cofia hefyd am y cyrddau gweddi dechrau'r flwyddyn. Cynhelid hwy bob nos yn ystod wythnos gyntaf y flwyddyn.

Yn bedair ar ddeg oed cafodd waith fel morwyn yn Abercyrnog nid nepell o'i chartref (Powelliaid Abercyrnog oedd wedi rhoi'r tir i godi capel arno), ac mae'n werth oedi i adrodd peth o'i hanes gan ei fod yn adlewyrchu rhai o amodau byw'r cyfnod—a chyn hynny, mae'n siŵr.

Roedd mab Abercyrnog yn ganol oed ac yn gynghorydd sir; ymddiriedai'r rhan fwyaf o'r gwaith i ddau was. Trigai ei dad a'i fam oedrannus—roedd y ddau dros 80 oed—ar y fferm o hyd, er bod y fam yn ffaeledig ac yn gaeth i'w gwely. Cafodd Annie Mary ei chyflogi ar y cychwyn fel gwniadwraig, yn gwnïo, crosio ac yn gwau. Cawsai hyfforddiant at y gwaith yma yn ysgol Cilieni, ac yn arbennig gan athrawes o'r enw Miss Williams, a briododd ffermwr o Gwm-llech, sef Tom Phillips. Dychwelodd hi i ddysgu eilwaith yn yr ysgol ar ôl marwolaeth ei gŵr o'r ffliw mawr yn 1918.

Felly, yn 14 oed aeth i wasanaethu yn Abercyrnog. Roedd yn rhaid iddi odro pump o wartheg bob bore a pharatoi brecwast i'r dynion i gyd, er bod mab y fferm yn barod i droi ei law at ffrio cig moch ac wyau. Yna, wedi golchi'r llestri, byddai hi, gyda chymorth y tad, yn ymolchi'r fam a'i chodi o'r gwely cyn taclu'r gwely a'r ystafell. Yna rhaid oedd paratoi cinio. Ar ddiwrnod crasu byddai gofyn iddi baratoi naw torth fawr o fara a dwy deisen (un *seed cake* ac un ffrwythau) a bowlenaid o bwdin reis, yn y ffwrn fawr. Hyn a llawer o orchwylion eraill.

Câi rywfaint o gymorth adeg cneifio pryd y deuai modryb iddi i estyn help llaw. Lleddid llwdwn ar gyfer y cneifio a byddai tua 17 yn eistedd wrth y bwrdd.

Daeth merch y teulu i edrych ar ôl y fam am gyfnod, i ysgafnhau peth ar y gwaith, ond un bore wrth iddynt ei chodi o'r gwely syrthiodd y ferch yn ôl ar ei chefn mewn poenau dybryd a bu farw am ddau o'r gloch bore trannoeth, ar ddydd Gwener. Bu farw'r fam hithau y nos Sul dilynol, a chladdwyd y ddwy yr un adeg, ychydig cyn y Nadolig ym Mhentre Uchaf (h.y. Llandeilo'r Fân). Fe gofia Mrs Williams iddi gael eistedd gyda'r tad a'r mab ar y cerbyd yn yr angladd.

David Lewis (ieu.) y tu allan i'w hen gartref, Cefnbryn-isaf, yn 1994, yn 94 oed.

Cyfeiriwyd uchod droeon at David Lewis a theilwng yw manylu ychydig ar ei gyfraniad ef i'r capel bach. Yn ôl y deyrnged iddo yn *Year Book and Directory* y Methodistiaid Calfinaidd 1943-46:

> Bu iddo symud o'i fro enedigol yng nghylch Cefnarthen i'r gorllewin o Fynydd Bwlch-y-groes a chroesi'r mynydd i Landeilo'r Fân. Ymhen tair blynedd unwyd ef mewn priodas â Miss Ann Davies, Hirllwyn. Aethant i fyw i Cefnbryn-isaf lle buont yn ddedwydd a hapus am 48 mlynedd—hyd oni orfodwyd hwynt i symud gan yr awdurdodau milwrol ym Mehefin 1940. Yng Nghefn-y-bryn y ganwyd ac y magwyd eu plant, tri bachgen a phedair o ferched.

Fel y gellid disgwyl, daeth dylanwad y Methodistiaid yn gynnar i'r parthau hyn ac fe sefydlwyd nifer o'r seiadau cynnar ar odreon yr Epynt, ond pwnc gwahanol yw dyddiadau sefydlu'r capeli cyntaf.

Yn *Y Pêr Ganiedydd*, cyfrol 2, mae Gomer M Roberts yn cyfeirio at un o Fethodistiaid cynnar Brycheiniog oedd yn dal perthynas â'r Epynt:

> Yn y flwyddyn 1783 bu farw Llewelyn Dafydd o Lywel, sir Frycheiniog un o flaenoriaid amlycaf y sir, a chanodd Pantycelyn farwnad iddo. Dywedir mai yn Llwyn Ynn, ei dŷ, y dechreuodd yr enwog Ebenezer Morris bregethu: cadwai ysgol ar y pryd yn Nhrecastell. Llewelyn Dafydd a ofalai am seiat Trecastell yn nyddiau ei gwendid. Bu ef a Gwladys ei wraig yn garedig iawn i'r pregethwyr teithiol, ac ef âi i'r sasiynau i chwilio am gyhoeddiadau i Drecastell. Bu sasiwn yn Llanfair-ym-Muallt ym Mawrth, 1783, a chymerwyd yr hen flaenor yn glaf ynddi; bu farw yno a chludwyd ei gorff i Llywel i'w gladdu. Yr oedd 'yn un o'r bobl mwya defnyddiol yn ei oes ymhlith y Bobl a enwir Methodistiaid'. Gwna'r bardd y defnydd priodol o amgylchiadau'i farw, ac mae'r gân drwyddi yn un o'r cynhesaf a mwyaf cartrefol ei hysbryd a gyfansoddodd Williams. 'I dre Llanfair daeth angylion,' meddai, 'i roi symmons iddo ymadael'. Darlunir yr angladd:

> > Yna dinasyddion Llanfair, pobl hawddgar gynnes lân
> > Au hebryngasant ef tuag adref heb ei weld erioed o'r blaen;

> > Gwelwch dyrfa lân garuaidd yn mynd i Eppynt ag e i'r lan,
> > Ac yn dwyn yr elor bwysig nol eu gallu, gryf a gwan.
> > Ac nid troent yn ôl er ymbil, nid ai'r llesga un dim ffwrdd,
> > Nes mynegi grym eu cariad i'r llu gwresog ddaeth i'w cwrdd.

> Roedd lletygarwch Dafydd a'i wraig Gwladys yn ddihareb, a drws eu cartref Llwyn Ynn yn agored i bob pregethwr. Tystia'r farwnad i hynny fel hyn:

> > Gwelwch dŷ yn llawn agored, doed o'r dwyrain, doed o'r de:
> > Pawb fo'n *ffrins* i'r Arglwydd Iesu, gan Llewelyn y mae lle;
> > Ac wrth weld y pererinion ymhob congl yno'n llawn,
> > Mae ei galon ef yn gwenu, ac yn dawnsio yn hyfryd iawn.

> > * * *

> > Caru'r gwir a'r gweinidogion, caru popeth ond y byd,
> > Pawb yn credu am Llewelyn mae rhyw gariad oedd e gyd.

Cyfeiriwyd uchod at drefn sefydlu'r capeli cynnar. Mae'n debyg mai un o'r capeli cyntaf oedd Alpha (enw arwyddocaol?), Llanfair-ym-Muallt 1741. Fe'i dilynwyd gan Siloa, Merthyr Cynog 1741; Gosen, Cefngorwydd 1743; Tynewydd, Trecastell 1750; Beili-du, Llandeilo'r Fân 1790; Llanfihangel Nant Brân 1811; Soar, Pentre-felin 1823; Salem, Trallong 1831; Pont-faen 1835; y Babell, Llandeilo'r Fân 1857; Beiliau, Cwmdŵr 1869.

Mewn nodiadau a baratowyd gan Olwen Davies ar gyfer dathliadau dau can mlwyddiant sefydlu capel Beili-du ym mis Hydref 1980, cawn y cyfeiriad yma at gapel y Methodistiaid Calfinaidd: 'Codwyd capel bach a'i enw Siloh yn Llandeilo'r Fân ac yma y byddai ychydig aelodau a drigai ym mhen uchaf y dyffryn yn cynnull i addoli. Yng nghyfrifon Beili-du ceir cyfeiriad at 2/6 am rent tir a 7/- am lanhau Siloh. Darganfûm fod yr adeilad yn wag ac fe'i gwerthwyd am £10.' Byddai lleoliad y capel yma'n cynnig cartref ysbrydol i nifer o deuluoedd Anghydffurfiol yn y cwr yma o'r Epynt, ond dyma'r unig gyfeiriad a welais ato.

Yn nogfennau swyddogol Asiant Tiroedd y Weinyddiaeth Amddiffyn ceir copi o'r cytundeb ynglŷn â'r capel, 'Purchase of Babell Chapel land and premises (including burial ground) in Parish of Llandeilo'r Fân from the Properties Board of the Calvinistic Church of Wales and Presbyterian Church of Wales. Purchase price £500. 19th January 1942.'

Pwysodd yr enwad ar i'r awdurdodau milwrol barchu 'sancteiddrwydd y fan'. Ni chafwyd addewid o hynny, ac er bod y capel wedi diflannu gofalwyd yn ddiweddar fod y lleoliad yn cael ei warchod. Yn 1996, dan arweiniad y commandant presennol, tacluswyd a diogelwyd y fan a gosodwyd plac parhaol i nodi'r fangre. Gwnaed yr un peth ger safle ysgol Cilieni. Nid oes unrhyw gyfrifoldeb cyfreithiol ar y fyddin i barchu'r fan ond dewisasant wneud hynny.

Mae'n rhan o bolisi'r fyddin i adfer nifer o'r ffermydd i'w ffurf allanol gwreiddiol, er mwyn darparu hyfforddiant i'r milwyr a mannau i lochesu ynddynt wrth ymarfer. Adferwyd y Drovers' Arms, er enghraifft, ar y ffordd rhwng Capel Uchaf a'r Garth. Achoswyd cryn ofid i rai Cymry gan yr arfer cynyddol o du Asiant Tiroedd y Weinyddiaeth Amddiffyn (yn hytrach na'r fyddin) i beidio â defnyddio hen enwau'r ffermydd a rhoi rhifau yn eu lle. Ond cytunodd y commandant presennol i bwyso ar yr Asiant i adfer yr enwau gwreiddiol. Cefais wybod ganddo'n ddiweddar fod y gwaith mewn llaw.

Cyfeiriwyd, mewn perthynas â'r Babell, at yr eisteddfod flynyddol a'r brwdfrydedd ynglŷn â hi. Does dim amheuaeth nad oes traddodiad eisteddfodol cryf yn ardal yr Epynt. Hyd yn oed heddiw, er bod mwyafrif y cystadlaethau yn Saesneg, ceir eisteddfodau llewyrchus yn Llanwrtyd, Capel Uchaf, Pontsenni a Threcastell.

Un peth a'm trawodd wrth gyf-weld nifer o'r hen drigolion oedd yr hwyl a gysylltid â'r eisteddfodau hyn. Roeddynt yn fodd i bobl yr Epynt ddod i adnabod ei gilydd. Er nad oes ardal ddiffiniedig y gellid ei galw yn ardal yr Epynt, eto nid yw'n amhriodol sôn am gymdeithas yr Epynt. Roedd—ac hefyd mae—pobl yn adnabod ei gilydd, yn rhannol, mae'n siŵr, oherwydd eu bod yn rhannu'r mynydd ac yn mynychu'r marchnadoedd, ond hefyd oherwydd eu bod yn gyfrannog o'r un diwylliant. Mae gan bobl y mynydd ofal am ei gilydd: a dyma un o hanfodion cymdeithas wâr. Byddai cymdogaeth dda'n golygu cynorthwyo'r naill a'r llall adeg storm a hindda; ac fel ardaloedd cyffelyb ledled Cymru roedd cydweithio adeg golchi a chneifio defaid ac ar adeg cynaeafu, wrth blygu perthi a mawna, yn rhan annatod o natur y gymdeithas. Naturiol felly yw clywed nifer o'r cyn-drigolion yn cydnabod mai'r elfen o gynnig help llaw fyddai'n cyfoethogi eu bywydau: y cyd-ddibynnu a'r cydweithio, yr hwyl a'r cyfeillgarwch a ddeilliai o hynny. A chan fod gan y rhan fwyaf o'r ffermydd ar y mynydd breiddiau o ddefaid a merlod, byddai'n anorfod bod ffermwyr yn adnabod ei gilydd o un cwr i'r llall o'r Epynt.

Ceir cyfeiriad penodol at ewyllys da trigolion yr Epynt mewn sylw gan Rees Price yn ei gyfweliad yn 1959: 'Dwedwch fod cymydog newydd yn dod i'r cylch yma—ôdd y ffermwyr i gyd yn trial 'i helpu e mewn rhyw ffordd—ôn nhw'n rhoi dwarnod o droi neu ddwarnod o waith iddo fe.' Yr enw a roddid ar y diwrnod yma oedd 'ychena'. Hwyrach y byddai rhywun yn mynd â phâr o geffylau i droi, gan amlaf yn y gaeaf neu'r gwanwyn. Hwyrach y byddai'r cymdogion yn troi ei dir llafur i gyd drosto, heb ddisgwyl tâl.

Cyfrol sy'n teilyngu ei lle fel un o'r llyfrau hanes lleol mwyaf cynhwysfawr a gyhoeddwyd yn ystod y chwarter canrif diwethaf yw *Cefnarthen-y comin, y capel a'r ysgol* gan Rhys Davies. Er bod y rhan helaethaf o'r Rhandir-isaf (sef darn o blwyf Llanfair-ar-y-bryn) y tu allan i gylch Mynydd Bwlch-y-groes, eto, fel y dywed yr awdur, mae'n naturiol i drigolion gorllewinol Llandeilo'r Fân deimlo eu bod yn perthyn iddo. Cawn, yn nhystiolaeth Rhys Jones, Berth-ddu yr hanes iddo ef a nifer o blant ffermydd Mynydd Bwlch-y-groes dramwyo i ysgol Cefnarthen ac i gapel yr Annibynwyr yno.

Gallwn ddisgwyl, felly, fod gan Rhys Davies nifer o sylwadau sy'n berthnasol i'n stori ni, ac ni chawn ein siomi. Dyma rai ohonynt:

> Cymdeithas fechan oedd hon erioed ... Heddiw [1983], lle bu dros gant o deuluoedd, ni cheir ond rhyw ddeg ar hugain ... Yr elfen bwysicaf (yn nistrywiad y gymdeithas) ... yw'r diboblogi a ddechreuodd yn ystod hanner olaf y ganrif ddiwethaf. Yn ôl cyfrif 1851 yr oedd yn yr ardal 95 o dai a phobl yn byw ynddynt. Heddiw mae 58 o'r rhain yn wag, y rhan fwyaf ohonynt yn adfeilion.

Cydnebydd fod ffactorau eraill hefyd ar waith, ac yn eu plith 'Raens Saethu a grewyd gan y Weinyddiaeth Ryfel ar fynyddoedd Epynt a Bwlch-y-groes ... Yn ardal Cefnarthen, ar ochr orllewinol Bwlch-y-groes collwyd chwech o ffermydd. Yr oedd Tyn-y-gors, Blaenglyn, Nantyrhebog a Chwmllynwennol wedi eu colli eisoes tua dechrau'r ganrif. Maesybwlch, Maesyfforch a Throedyrhiw yn unig oedd yn aros o'r tair-fferm-ar-ddeg a ymddangosodd yng nghyfrifiad 1851.' Yn ychwanegol, collwyd saith fferm i'r Comisiwn Coedwigo, ac mae hyn yn wir am ffermydd ym mhlwyf Llanddulas yn ogystal.

Capel ac iddo hanes pwysig ac anrhydeddus yng Nghymru yw capel yr Annibynwyr yng Nghefnarthen. Mor gynnar ag 1664 roedd Annibynwyr yn yr ardaloedd hyn ond roeddynt dan fygythiad o gosb a charchar ac alltudiaeth dros y môr os byddai mwy na phump ohonynt yn cydgyfarfod. Felly, rhaid oedd ymgynnull yn y dirgel a gwnaed hynny dan arweiniad Rhys Prydderch, Ystradwallter (fferm ar gwr yr Epynt), athro nodedig yn ei ddydd—yn ogof Craig-y-widdon, fwy na thebyg. Dywed Rhys Davies: 'Nid oedd awdurdod yr Ustusiaid yn ymestyn ymhellach na ffin y sir, felly cynhelid cyrddau anghyfreithlon o'r fath gerllaw ffiniau siroedd. Lle felly oedd Craig-y-widdon lle ymgasglai Annibynwyr Sir Frycheiniog a gogledd Sir Gaerfyrddin i addoli.' Mae Craig-y-widdon ar ochrau gorllewinol Bwlch-y-groes, o fewn hanner milltir i blwyf Llywel a Llandeilo'r Fân, dau blwyf sydd dros y ffin ym Mrycheiniog.

Mae cryn dipyn o hanes yr eglwys ar gof a chadw o ddyddiaduron helaeth ysgrifenyddion y capel, Morgan Williams a Morgan Davies, rhwng 1729 ac 1774. Ar yr olwg gyntaf ymddengys yr ardal hon, fel ardaloedd eraill yr Epynt, fel man anghysbell, ond dengys y cyfrifon mor barod oedd yr aelodau i gyfrannu at achosion da, pellennig. Er enghraifft:

> June 9, 1753. Collected to Mr James Stanley, master of ship (William and Mary) taken by privateers. August 13, 1745 To Philip Jones of Stoke in Cheshire that lost £330 by the murrain

[clwy'r gwartheg] 3/7½d. Oct 26 1746 Towards building a meetinghouse in Merioneth 5/-.
Feb 4 1743 Towards the relief of the poor persecuted exiles of Salzburgh in Germany £2/2/6.

Mae'n siŵr fod gan y porthmyn ran bwysig mewn cludo newyddion o fannau pell i gefn gwlad Cymru, a thystia Rhys Davies, fel nifer o haneswyr eraill, fod y gyrroedd yn gadael y ffordd ym Mhentre-bach a chyfeirio am Landdulas ac oddi yno i Loegr.

Nid oes amheuaeth nad oedd plwyfi'r Epynt, fel rhannau helaethaf y genedl, yn gyfrannog o ferw gwleidyddol y ganrif ddiwethaf, ond fe roir blas arbennig i'r frwydr gan y gwrthdaro, trwy gyfrwng y wasg, rhwng David Owen (Brutus) a David Rees, gweinidog Capel Als, Llanelli. Yn ôl R T Jenkins, 'gwylio'r frwydr ddidrugaredd rhwng y ddeuddyn galluog hyn oedd prif gyfrwng addysg wleidyddol y Cymro uniaith' yn ystod y blynyddoedd hyn. Cyfrannodd y ddau gylchgrawn at oleuo'r bobl ar faterion cyfoes, ac mae yna beth tystiolaeth fod cryn nifer o Gymry'n darllen y naill a'r llall. Roeddynt yn gyfryngau i grisialu'r dadleuon ac i fowldio barn gyhoeddus. Golygwyd *Yr Haul* gan Brutus a'r *Diwygiwr* gan David Rees am yr un cyfnod o 30 mlynedd.

Ond i bwrpas ein stori ni, mae'n werth cofio fod Brutus yn byw, gydol cyfnod ei olygyddiaeth, o fewn cyrraedd i Gefnarthen ac yn manteisio ar bob cythrwfl i ysgrifennu amdano, a hynny gyda'r blas mwyaf, ar dudalennau'r *Haul*. Y dull a ddewisodd i drywanu Ymneilltuaeth oedd dychan, ac roedd yn feistr ar y grefft. Dywed Rhys Davies:

> Byddai Brutus yn barod iawn i ddefnyddio unrhyw anfodlonrwydd, ymrafael neu anghytundeb ymhlith Ymneilltuwyr a'i liwio i ormodaeth er mwyn pwysleisio gwendidau y gyfundrefn Annibynnol. Nid sefyllfa hapus i weinidog ac aelodau Cefnarthen a Phentre-tŷ-gwyn oedd cael Brutus yn byw yn eu plith. Yr oedd yn siwr o glywed pob clec, ac os byddai hwnnw yn taro ei bwrpas, ceid ei esboniad ef ohoni yn rhifyn nesaf *Yr Haul*. Gwnaeth wledd o hanes lladrad y garreg fedd o fynwent Cefnarthen yn Hydref 1839.

Roedd adroddiad y Dirprwywyr a fu'n paratoi arolwg ar addysg yng Nghymru'n fêl ar fysedd Brutus, ac mae'n fwy na phosib ei fod wedi bwydo R R W Lingen, un o'r Dirprwywyr, â gwybodaeth unochrog.

Ni hidiai Brutus, ac ni ddeallai Lingen, fod yna ddiwylliant byw ac iach yng Nghefnarthen a ymledai'n ddiamau i blwyfi eraill yr Epynt, fel y tystia sylw Rhys Davies am ddosbarthiad cylchgronau Cymraeg yn 1848 . . . ac mae gan y flwyddyn ei harwyddocâd gan mai dyma flwyddyn cyhoeddi adroddiad y Dirprwywyr:

> Gadawyd cofnodion ar ei ôl gan William Davies, Troedyrhiw, Llandeilo'r Fân, diacon yn eglwys Cefnarthen a dosbarthwr cylchgronau yn yr ardal. Yn 1848, er enghraifft, dosbarthodd 17 copi o'r *Tywysydd*, 19 copi o *Esboniad Barnes* a 9 *Diwygiwr*. Er mai naw yn unig a brynai'r *Diwygiwr*, mae'n debyg fod llawer o fenthyca a chyfnewid ac hefyd fod gan y darllenwyr ryw gymaint o ddylanwad ar y rhai anllythrennog.

Enwir nifer o ffermydd yr Epynt fel derbynwyr.

Yn ystod ei gyfnod fel golygydd *Yr Haul* ymddangosodd colofn gan Brutus yn dwyn y teitl 'Ymddiddanion Bugeiliaid Mynydd Epynt'. Cafwyd rhyw 350 ohonynt i gyd a detholwyd 15 ohonynt gan Thomas Jones yn ei gyfrol *Bugeiliaid Epynt*. Mae'n siŵr mai'r cyfeiriad yma at yr Epynt a osododd y mynydd ar fap meddyliol ac ar dafodau cymaint o Gymry ar y pryd—er nad oedd gan y mwyafrif ond bras amcan am ei leoliad. Enwau'r bugeiliaid oedd Idwal, Ifor, Cadwgan, Hywel, Llywelyn, Dewi a Sierlyn. Yn y rhagair dychanol i'r *Ymddiddanion* ceir y geiriau hyn o enau'r 'bugeiliaid': 'Y mae llawer iawn o hamdden gyda ni y bugeiliaid ar hyd y mynyddoedd i siarad â'n gilydd, ac fel y mae fynychaf yn digwydd, pan fydd ychydig gymdeithion yng nghyd, iddynt fod yn amrywio yn eu barnau braidd ynghylch pob peth; felly y mae gyda ninnau, y Bugeiliaid ar Epynt . . .'

Mae'r gipdrem yma eto yn cadarnhau nad taeogion anniwylliedig oedd yn trigo ar Epynt ond pobl effro i bynciau'r dydd a'u goblygiadau. Roedd byw yn yr ardaloedd hyn, ac nid yn unig yng Nghefnarthen a Felindre (Halfway), yn cynnig gwledd o brofiadau cynhyrfus ym myd crefydd a gwleidyddiaeth. Ac fel y nodwyd eisoes, rhoddwyd min ychwanegol ar y cyfan trwy'r defnydd o ddigwyddiadau a chymeriadau lleol yng nghrwsâd lliwgar Brutus. Er iddo ar dro daro i mewn i Horeb, Cwm-dŵr (capel y Bedyddwyr, sydd bellach yn adfail, a safai ryw filltir o'r Felindre ar y ffordd i'r dwyrain), ei gartref ysbrydol oedd Eglwys Llywel, lle roedd ei gyfaill, David Parry, Y Gloch Arian, yn ficer. Claddwyd Brutus ym mynwent yr eglwys honno.

Preswyliai ar derfyn ei oes ym Mronarthen, y tŷ olaf ym Mrycheiniog yn y pentref. Bu Annibynwyr yr ardal yn chwilio am dir i godi capel arno am flynyddoedd ac yn cynnal gwasanaethau yn 'long room' yr Halfway. O'r diwedd, cafwyd tir gan Ardalydd Camden a chodwyd capel Bethesda, yntau ychydig lathenni y tu mewn i Sir Frycheiniog. Temtir ni i ddychmygu beth, tybed, fyddai ymateb Brutus o gael cymdogion mor agos oedd yn gymaint tân ar ei groen? Bu farw yn 1866, pedair blynedd ar ddeg cyn agor Bethesda. Adlewyrchir peth o'r tyndra a fodolai yn sylwadau *Y Tyst* adeg agor y capel yn 1880:

> Pan edrychem yng nghyfeiriad ogof Craig-yr-wyddon, tybiem ein bod yn cymdeithasu, trwy atgofion, ag ysbrydion y tadau a'r mamau dewrion gynt oedd yn gallu crefydda mewn tywydd garw drwy ganu. Pan edrychem, fel wrth flaenau ein traed, cofiem am Brutus yr hwn ddeunaw mlynedd yn ôl oedd yn byw mewn bwthyn o fewn ychydig lathenni i'r man lle saif y capel Bethesda hwn, ond huna Brutus ym mynwent Llywel a chyfyd Ymneilltuaeth ei phen yn uchel o fewn terfynau ei fangre warchaeedig ef gynt.

Mae'n amlwg fod mynawyd y dychanwr, er yn llonydd bellach, wedi gadael ei ôl!

Nid pob ardal yng Nghymru a fedr ymffrostio mewn bod yn gartref i wŷr mor nodedig â Rhys Prydderch (1620-1699?), Ystradwallter, yr athro nodedig a'r Ymneilltuwr dewr; Williams Pantycelyn (1717-1791), y pennaf o'n hemynwyr, llenor a bardd toreithiog ac arweinydd ysbrydol treiddgar; a David Owen neu Brutus (1795-1866), y golygydd dawnus a'r dychanwr diarbed a gyfrannodd mor helaeth at ddifyrrwch a hunanadnabyddiaeth Cymry ei dydd.

Yr Ysgolion ac Addysg

Amhriodol, a dweud y lleiaf, fu'r ymdrechion i gyflwyno addysg ffurfiol i blant yr Epynt. Rhoddid blaenoriaeth i ddysgu Saesneg ac o ran hynny bu'n llwyddianus, fel y dengys tystiolaeth Ceinwen Davies yn ysgol Llanddulas. Y rhyfeddod yw bod cymaint â hynny wedi ei gyflawni mewn ysgol fel Cilieni o gofio mor fyrhoedlog oedd arhosiad yr athrawon, ac mor estron i'r ardal oedd nifer ohonynt. Llwyddodd Merthyr Cynog ar y llaw arall i gadw athrawes am gyfnod maith. Ond mae hyn yn tanlinellu safle cymharol unig ac anghysbell Cilieni. Dieithriaid i'r cylch ac i Gymru oedd nifer o'r athrawon a'r broblem oedd cael llety addas iddynt. Pan benodwyd Gwladys Phillips (née Morgan) yn brifathrawes yr ysgol am yr ail waith yn 1922, penderfynodd godi tŷ iddi ei hun o fewn hanner canllath i ddrws yr ysgol. Dechreuodd gadw siop fechan a oedd ar agor wedi oriau ysgol ac yno y bu'n ddiddig tan 1934 pan fu'n rhaid iddi ymddeol oherwydd afiechyd. Eithriad oedd hi.

Ni fedrir gorbwysleisio fod yna draddodiad arall o addysg yn ffynnu'n hollol annibynnol ar yr addysg ffurfiol, sef addysg cartref a fferm, capel ac eglwys, nad oedd wedi ei chyfyngu i ddysgu caneuon Saesneg a rhifyddu yn yr iaith estron honno. Dyma addysg a oedd wedi ei gwreiddio mewn diwylliant a arddelai hoffter o ganu a barddoni, o ddarllen ac o ddadlau, ac a oedd wedi'i seilio ar fagu anifeiliaid ac ennill bywoliaeth trwy ddulliau a barchai'r ddaear.

Symudwyd Aneurin Davies gyda'i deulu o fferm yr Hirllwyn yn 1940. Ef oedd yr unig un a wrthododd ymuno yn y 'dathlu' a drefnwyd ar gyfer y cyn-drigolion a'u teuluoedd gan Ronald Davies a'r Cyrnol Roger Hayes yn 1990. Bu yn yr oedfa goffa ar sail y Babell ond ni fedrai ddygymod â mynd i'r cinio. Mae'n ffermwr diwylliedig sy'n hoff o lenyddiaeth Gymraeg, ond fe gyfeddyf mai'r ysbardun i'w annog i ddarllen oedd y gwobrau a enillodd yn Ysgol Sul y Babell—saith i gyd. Un ohonynt a drysorir ganddo yw *Cwm Eithin* gan Hugh Owen.

Ffermwr ifanc hefyd, yn byw yn Abercenfydd, rhwng Tirabad a Llanwrtyd, oedd William Price. Cefais fenthyg gan ei fab, Hywel Price, y Bwlch, lyfr nodiadau a gadwyd gan ei dad—hwyrach ar gyfer arholiadau Ysgol Sul y Methodistiaid Calfinaidd. Enillodd y wobr gyntaf ym Mrycheiniog, a medal 'aur', am ei ymdrechion yn 1900 pan oedd yn 26 oed. Rhan o gynnwys y llyfr, mewn ysgrifen gymen, yw traethawd ar yr Ysgol Sul. Rhan arall yw cyflwyniad ac esboniad ar Epistol Iago. Yn hwn cyfeirir at Cyril o Gaersalem, Cyngor Carthago, y Testament Peshitto, Epistol Cyntaf Clement a Dysgeidiaeth y Deuddeg Apostol ac eraill. O gymryd mai wrth ddilyn darlithiau neu ddarllen esboniadau y codwyd y nodiadau hyn, maent yn adlewyrchiad tra ffafriol ar ddiwylliant crefyddol y cylch ac ar afael ffermwr ifanc, na chawsai gyfleusterau addysg ar wahân i gyfnod mewn Ysgol Sul, ar Gymraeg coeth ac ysgolheigaidd.

Arwydd arall, cynharach, o ddiwylliant amgen yw fod un o ysgolion Griffith Jones wedi ei chynnal i 70 o drigolion yr Epynt yn Waun-lwyd yn 1750, ac yn 1774 cafwyd ysgol gyffelyb yn y Carnau ar gyfer 33 o bobl. (Yn ôl cyfrifiad 1851 roedd yna 'Saturday saint' yn trigo yn Waun-lwyd, sef 'Latter day saint' neu Mormon, mae'n siŵr!)

Mae'r rhain yn enghreifftiau da o'r diwylliant amgenach a gydfodolai â'r addysg ffurfiol, Saesneg. Sôn yr ydym am gymdeithas ddiwylliedig a gwâr oedd yn byw yn glòs at y tir, oedd yn medru ei mwynhau ei hunan ac a wyddai werth cymdogaeth dda.

Rhoddodd Rhys Davies inni ddarlun manwl o gyflawniadau addysgol y capel a'r ysgol yng Nghefnarthen dros y canrifoedd, ac fe wyddom fod rhai o blant yr Epynt, o blwyfi Llandeilo'r Fân, Llanddulas a Llywel, wedi mynychu'r ddau sefydliad dros lawer o flynyddoedd. Nid oes llawer o amheuaeth na fyddai capel ac ysgol mewn mannau fel Llanddulas, Cefngorwydd a Merthyr Cynog wedi cyflawni'r un gymwynas â phlant eu hardaloedd hwythau, er bod rhai ardaloedd i'r gogledd a'r dwyrain o'r Epynt wedi eu Seisnigeiddio dipyn ynghynt nag ardal Cefnarthen a Chilieni.

Yn llyfr ysgol Merthyr Cynog, er enghraifft, ceir adroddiad yr arolygwr ar 13 Mehefin 1950 lle dywedir bod cefndir ieithyddol yr ardal yn newid a bod y plant i gyd bellach yn dod o gartrefi Saesneg eu hiaith. Rhoddid un wers yr wythnos i waith llafar yn Gymraeg. Dengys y llyfr ysgol mai bach fu rhif y disgyblion yma o'r cychwyn—tua 20 ar ddechrau'r ganrif. Fe gaewyd yr ysgol ar 17 Gorffennaf 1969, ac ymddeolodd yr athrawes fu'n gofalu amdani, Mary Williams, wedi 31½ mlynedd o wasanaeth. Cyn hynny bu cryn dipyn o newid athrawon.

Digon moel yw'r llyfr ysgol ond ceir ambell gofnod sy'n adlewyrchu bywyd y cyfnod. Er enghraifft, ar gyfer 20 Ionawr 1918 darllenwn:

> The children here have chilblains on their feet. The only attention they get at home is lard put on them. They break and the sores matter. 3 children have very bad feet and for 4 days I have dressed them as it is pitiable to see them hobbling about. Douglas Wilson has a very bad place on the heel nearby to the bone from this cause.

Yna ar 6 Tachwedd 1918:

> No coal here. I have written three times about it and have no reply. It is 8 weeks since I first wrote about it as I have always a lot of bother getting horses etc. to help the hauliers up the hill . . . the thermometer is 40° this morning.

Ar 4 Mawrth 1938 nodir bod mwyafrif y disgyblion yn cerdded dwy neu dair milltir o'u cartrefi a bod ychydig o'r rhai sy'n byw bron bedair milltir o'r ysgol yn treulio'r wythnos mewn llety.

Ceir mwy o fanylion yn llyfrau ysgol Cilieni a cheir dyfyniadau helaeth ohonynt yng nghyfrol Ronald Davies. Nid ydynt bob amser yn gywir a thybiaf ei fod wedi hepgor rhai dyfyniadau fyddai o ddiddordeb. Cyflwynaf isod, felly, fanylion diwygiedig:

> *August 17, 1883* [Dyddiad agor yr ysgol]
> Commenced school this day (Thursday) 17th of August 1882. No. of children present 22, the majority of which have not attended school before. Could not proceed with the general routine, owing to the absence of several school requisites.
> Mary Gilleland
>
> *Wednesday, Aug. 25th*
> Admitted six new scholars, viz. Rhys Williams, Joseph Price, John Price Davies, Elizabeth Anne Jones, David Jones, Gwen Jones. Number on Books 28.
>
> *Sept 1*
> Admitted two new scholars viz—Mary Anne Price and Hannah Price. The children possess very little knowledge of the English language—grammar being a very difficult subject to teach. No. on books 30.
>
> *Spt 8*
> Admitted new scholar viz—Mary Jane Price. A large number of children absent this week kept at home by their parents to assist in the harvest.
>
> *Spt 15*
> Most of the senior scholars absent this week, being kept home to assist in corn harvest.

Sep 29
Taught new song 'Merrily over the snow'.
Oct 5
Admitted one new scholar—John Howell Rhys Powel.
Oct 13
Admitted one new scholar—Jemima Morgans.
Oct 24
Holiday given today on account of the Harvest Thanksgiving services at the Babell Chapel.
Dec 8
No on books 39. Average for the week 25.1
Monday March 12th, 1883
Dismissed the children at 12.15 this morning for the day, the smoke in the schoolroom rendering impossible for them to stay any longer.
June 25
List of school songs for 1883.
1. Merry Dick 2. Merrily over the Snow 3. Try again 4. Christmas is near 5. Early morning 6. Beauty Everywhere 7. Love at Home 8. The Farmer's Boy for Me.
July 13
Average attendance for week—6; it being shearing time.
July 27
Average attendance for week 7.5—it being haymaking.
The School Inspector's Report 1883
. . . Damp wall; door and porch in wrong position. Some better provision than a loose plank should be make to enable the young children to cross the small stream near the school.
Oct 8, 1883
The school reopened after the harvest holidays. Margaret Frances Morris takes charge there until the Board will find a mistress.

Rhwng 4 Chwefror 1884 a Medi 1887 cafwyd pump o athrawon, yn adlewyrchu unigrwydd a chaethiwed y bywyd; a phan ystyriwn mai Saeson uniaith oedd rhai ohonynt mae'n rhaid cydymdeimlo â nhw. Roedd diwylliant yr Epynt mor estron iddynt â phe baent yn dysgu mewn pentref mynyddig yn India. Dywed athrawes o'r enw Kate Taggart ar 3 Mai 1889:

> The children are making but slow progress in consequence of their irregularity. I have done my utmost to make the scholars attend; of no avail. If the Board does not take some measures to enforce regular attendance I shall have to complain to the HMI when he visits the school, for no one can teach children who come as they please and vice-versa [!].
> *June 6*
> Thomas Lewis's name has been kept out of the new register because his parents think the distance is too great for him to come from Pengawse.

O 1 Awst 1891 tan 14 Mehefin 1892 bu'r ysgol ar gau'n gyfan gwbl, yn fwy na thebyg am na ellid cael athro. Ar 29 Rhagfyr 1897 cawn y cofnod hwn gan yr athro ar y pryd, J Henry Rees:

> High wind and pelting rain prevail all the day as its often the case up here on the Breconshire Mountains. The small rivers all around are in heavy flood, causing the passing paths flooded over and unpassable. The people say that such a flood has not been seen here for several years. Two little ones only put in an appearance and dripping wet and after a

good warming were sent home. Also the funeral of John Price late Tyrbach took place this afternoon.
Nov 18
Object lesson 'The Camel' [ar yr Epynt o bobman!]
1902. Feb. 18
An Eisteddfod held in the Upper Village [sef Llandeilo'r Fân] to which the school went.
2 May
The attendance this week has been good. All the 18 children in school. I had to send Nancy Phillips, Mary Davies and David Davies home as they got wet in a shower during play time.
June 25
New teacher, Miss Ann Littledale. Two days holiday 26th & 27th June to celebrate the Coronation of King Edward VIIth.
June 26
The five children of Brynmelyn, Anne Lewis, Cefnbrynisaf and the two children of Hirllwyn have been absent as their grandmother died. Tommy Williams, Cefnbryn Uchaf is absent a lot as he doesn't enjoy such good health as the other children.
July 11
Bilingual readers (introduced for) Standard IV and VI
July 18
Notes on Inspector's Report
[He was] encouraged in Georgraphy because the children learned simple facts about England and Wales, and especially their own county, rivers and mountains.
June 17, 1903
Received from County Hall—1 doz Cant o Hanesion Dyfyrrus. [Dyma'r cyfeiriad cyntaf at lyfr Cymraeg.]

Ysgol Cilieni, 1907.

December 20th

Amelia Pugh left school to go to Brecon school, intends to be a teacher. Mr Morgan and Mr Powell, school managers came to school and gave prizes for good attendance and gave oranges and sweets to all the children.

May 30, 1913

Sarah Jane Price, Nelly Price and Mary Ann Price have attended school every day for twelve months. Sarah Jane Price has 100% record for the past 5 years.

June 28, 1917

(Inspector's Report) . . . The scholars all obviously feel more 'at home' when spoken to in Welsh.

November 4, 1919

The school inspector's report. The number of pupils has gone down from 21 to 14 in the last three years. Good results in all subjects. Both the school clocks are out of order and the building is in need of repairs. The school garden has been abandoned as all the potatoes were eaten by pigs. The school grounds must be fenced to prevent cows, horses, sheep and pigs straying in.

September 5, 1921

Nurse Williams and Dr Herbert Davies, Medical Officer of Health visit school and find a high level of cleanliness.

January 25, 1922

A very rough, cold day. The three children of Blaentalar have been home for days owing to the snow drifts.

April 3

Very stormy with snow drifting, only three in school, Annie Mary Price, Kate Williams and David Tom Price.

June 12

Holiday. All went on a trip to Swansea to see the sea. The first time for many of the children to see the seaside.

September 4

New teacher, Mrs Gwladys Phillips arrives nearly an hour late after walking over two hills. [Rhyfedd hyn gan mai dyma'r ail dro iddi ddod yn athrawes Cilieni. Bu yma'n flaenorol o 1915 hyd 1918.] Number of pupils on register 19.

October 11

Only a few in school as most of the children went to Farm Sale at Brunant.

Ysgol Cilieni, 1915.

February 14, 1924
A deputation appointed by the Education Committee met at the school at 4.30 p.m. to discuss building a new Bungalow for the teacher.

July 11
Whole day holiday for the Baptist Association at Sardis.

April 29, 1926
Mr Strickland, County Architect, Mr Morgans, Aberllech and Mr Powell, Abergyrnog, called to finalise the water supply scheme.

June 15
Work commenced to dig trench for water supply. [Awgrymwyd cael dŵr i'r ysgol mor gynnar â 1908!] 13 pupils at school.

September 10, 1926
Inspector's Report (Mr Caleb Rees HMI). '. . . it is interesting to find the older children reading with appreciation copies of Cymru'r Plant . . . The school has a gramophone with a few well-chosen records which are used for musical appreciation: it is hoped later to procure records of folk-dance music with a view to introducing rhythmic exercises into the curriculum . . . Some further practice in original composition in Welsh was suggested . . . The children converse easily in English and Welsh.

February 27, 1925
St. David's Day Celebration in the morning. The Programme included Welsh songs and recitations, and a short Welsh drama. A ½ holiday in the afternoon.

February 4, 1927
The school was closed for one week owing to a flu epidemic.

July 13
Miss Rowlands called to give lecture on Tuberculosis and also instructed the girls on infant care.

April 28, 1928
School Attendance officer called.

July 9
Mr Downes the school dentist visited the school. Seven children had teeth out.

May 31, 1929
All the pupils went on a trip to Cefnbrith the home of John Penry. Started at 10.00 a.m., arrived home at 8.30 p.m.

January 19, 1932
School closed for two weeks as most of the thirteen pupils had had measles.

October 3, 1930
All pupils (11) in attendance for week = 100%

September 1934
Miss Olwen Davies, Trecastle, appointed teacher. 15 pupils on register.

September 6, 1937
The school is repainted and decorated.

November 10
Whist drive at school to provide funds for Christmas Party.

November 10
Rev. W. Jones called to sign the attendance register. 98 per cent attendance for the last 3 months.

March 2, 1939
Mr. Evans, agricultural organiser, lectures at the school in the evening to the local farmers on Attested Herds.

March 28
Miss Mair Price has attended school for 5 years without losing one day and Master Ivor Price for 7 years. Both get suitable prizes.

Ysgol Tirabad, c. 1918.

Disgyblion olaf Cilieni a'r athrawes, Mrs Olwen Davies (y bedwaredd o'r dde), ar safle'r ysgol, 1996.

June 1
School closed to allow children to attend religious meetings at Craigyrwyddon, Babel, Llandovery.
October 9
Half holiday. Harvest Festival at Babell.
November 13
School Attendance officer calls. Very regular attendance by all 13 pupils.
December 14
Last Christmas Party held at school.
January 2, 1940
School closed owing to heavy frost and falling branches blocking entrance to school.
May 3
Two officials from the War Office call at school and said that the school would be closed next month and would be requisitioned by the War Office.
May 17
Two left today, going to live in Carmarthenshire.
June 7
4 more pupils leave today, 2 going to Pontfaen and 2 going to Llanwrtyd Wells to live.
June 11
Mr Morgans the School Attendance officer and Nurse Williams pay their last visit to the school. Only 3 children out of the six left on the register were present.
June 14
The school closed today after being open for 57 years.

Dyma restr o enwau'r 16 o blant oedd ar gofrestr ysgol Cilieni pan benderfynwyd bod rhaid ei chau:

Aneurin Davies, Hirllwyn	Brychan Jones, Cenfbryn-uchaf
Gwyneth Davies, Waun-fawr	Glyn Price, Cefn-gwyn
Herbert Davies, Gelli-gaeth	David John Price, Cefn-gwyn
John Davies, Gelli-gaeth	Leslie Price, Cefn-gwyn
Mair Price, Cefncyrnog	Eira Williams, Llwynteg-uchaf
William Rees Price, Cefncyrnog	Morgan Williams, Llwynteg-uchaf
Gwynfor Jones, Llwyn-coll	David Williams, Llwynteg-uchaf
Idris Jones, Llwyn-coll	Blodwen Williams, Llwynteg-uchaf

Mewn sgwrs ag Olwen Davies, cadarnhawyd y ffeithiau am y misoedd olaf. Ychwanegodd fod teulu Powelliaid, Abercyrnog wedi bod yn gymwynaswyr cyson i'r capel a'r ysgol. Evan Powell oedd llywodraethwr yr ysgol a thystiai y byddai'n galw'n ffyddlon. Unwaith mewn chwe blynedd, fodd bynnag, y buasai'r cyfarwyddwr addysg, Emrys Evans, heibio i'r ysgol ond deuai'r plismon plant heibio bob mis heb ffael, er nad oedd absenoldeb yn broblem o fath yn y byd yn ystod ei chyfnod hi fel athrawes!

Fel enghraifft o ffyddlondeb rhieni a'u plant i'w hysgol adroddodd hanes Elizabeth Williams, Llwynteg-uchaf yn cario'i merch bellter o tua dwy filltir drwy'r lluwchfeydd eira. Clywais hefyd ddweud fod tad plant Blaentalar wedi agor rhych ar draws y mynydd i'w blant ei ddilyn ar eu ffordd i'r ysgol, rhag ofn iddynt fynd ar goll mewn niwl neu yn y tywyllwch. A'r wobr a gawsai Ivor Price, Cefn-gwyn am fynychu'r ysgol yn ddi-dor am saith mlynedd oedd wats. Roedd ef wedi pasio'r ysgoloriaeth i fynd rhagddo i'r ysgol ramadeg yn Aberhonddu, fel y gwnaethai dwy ferch Cwm-nant-y-moch hefyd. Ond gwrthod derbyn y cyfle a wnaethant gan fod Aberhonddu mor bell a hynny'n golygu aros yno yn ystod yr wythnos, ac roedd hyn a threuliau'r addysg yn gostfawr.

Mewn cyfweliad teledu â Gwyn Erfyl (HTV, 1972) mae mam Ronald Davies, yr hynaf o blant Cefnbryn-isaf yn ei chenhedlaeth, yn dwyn i gof ei diwrnod cyntaf yn ysgol Cilieni. Roedd yr athrawes, Saesnes ronc, wrth y drws i'w chroesawu a'i chyfarch, yn Saesneg wrth gwrs. Ond roedd ei mam wedi ei rhybuddio am hynny. 'Good morning. What is your name?' Sylw Mrs Davies oedd, 'Doedd dim gair o Gymraeg ganddi hi, a dim gair o Saesneg gen i!' Roedd ei mam wedi dysgu iddi ddweud 'Good morning' a 'Yes' a 'No'; ond roedd yn cymysgu'r ddau ac yn methu ''u hiwsio nhw yn y lle iawn'. Roedd chwech o blant iau na hi ar yr aelwyd ac ar un cyfnod byddai'n cario bwyd i saith o blant ar gyfer cinio ysgol—taith o ddwy filltir.

Yn ystod ei dyddiau cyntaf yn yr ysgol cofiai gerdded rhan o'r ffordd gyda'r athrawes, ond ni fyddai'r naill na'r llall yn dweud dim. Yna byddai un o deulu ei mam yn ei chyfarfod. Wedi cyrraedd adref holai ei mam sut hwyl a gawsai. Hithau'n ateb: 'Un peth ôn i ddim yn 'i ddeall. Ôdd yr athrawes yn dod â rhyw lyfr mawr i'r ford ac yn galw enwe'r plant, a'r plant yn dweud rhwbeth tebyg i "Asthma".' Mam yn egluro imi mai dweud "Yes, M'am" roedden nhw! Gorfod ymarfer hynny ar gyfer y bore wedyn. Medde mam wrtha i, "Cofia di ddweud hynny fory".'

Profiad cyffelyb a gafodd Ceinwen Davies, Gwybedog pan ddechreuodd hi yn ysgol Tirabad. Cofiai eistedd wrth y ddesg a phot gwyn bach o'i blaen a hithau'n rhoi bys arbrofol ynddo a gofyn yn Gymraeg i'r athrawes, 'Beth yw hwn, M'am?' 'No Welsh here,' oedd ymateb yr athrawes.

Yn yr un cyfweliad, cawn Annie Mary Williams, un arall o ddisgyblion yr ysgol ddechrau'r ganrif, yn hel atgofion. O'i chartref yn Nhir-bach, roedd yn rhaid iddi groesi twyn garw, Twyn-banadl, i gyrraedd yr ysgol ac roedd hi'n un o dair yn yr ysgol ar fore gaeafol o eira. Cofia ar achlysur arall fod ei brawd bach gyda hi, bum mlynedd yn iau na hi, a bod y daith drwy'r eira wedi bod bron yn drech nag ef. Bu raid iddi hi ''i helpu e bŵer; ond fe gyrhaeddon ni'.

Ysgol arall ar gwr yr Epynt oedd Llandeilo'r Fân. Bu'r Comisiynydd ar ymweliad â hi ar 2 Chwefror 1847 ynghyd â'i gynorthwywr, gŵr o'r enw Mr Jones, myfyriwr o Goleg Llanbedr. 'Cyfieithodd ef fy nghwestiynau i gyd i'r Gymraeg, gan mai plwyf hollol Gymraeg yw'r plwyf hwn sydd ymhell o unrhyw ffordd fawr. Cedwir yr ysgol gan un o ysgolfeistri elusen Mrs Bevan.'

Yn dilyn yr wybodaeth hon yn adroddiad swyddogol y Comisynwyr cawn y geiriau isod. Byddent yn ddoniol oni bai eu bod yn bradychu diffyg dealltwriaeth o'r Gymru Gymraeg ac yn adlewyrchu cynllun addysgu cwbl amhriodol ar gyfer plant uniaith Gymraeg:

> Nine boys and two girls [allan o 45], constituting the Bible class, read the 48th chapter of Isaiah, and some of them read very tolerably. They read English exclusively, but understood but little of its meaning. None of them understood the meaning of 'garment', 'behold', 'hearken'; . . . None [knew] what happened to Christ when he first came into the world; but they thought he was nailed to the cross by the 'bloody Jews'; seven thought it was done in Wales, and two in England; and that the way to be saved was to keep the Sabbath . . . they did not know why Christ was to come back, nor what miracles were . . . A girl of 14 repeated the Belief perfectly, and then said she did not understand one word of it . . . All thought the sun went round the world. In arithmetic and writing they were making very fair progress.

Mynner cip ar y bennod o Eseia, i weld beth a ddisgwylid!

Mae ysgol fach Llandeilo'r Fân yn adlewyrchu'n gryno amherthnasedd yr addysg Saesneg llwyr ar gyfer plant Cymraeg uniaith a rhyfyg anfaddeuol gŵr deallus o Sais yn ceisio pwyso a mesur yr addysg a gyflenwid trwy ddefnyddio mesurau hollol amhriodol. Doedd hi ddim wedi gwawrio ar feddyliau'r ysgol na'r Comisiynwyr mai'r ateb amlwg i'r gwendidau oedd dysgu'r pynciau i gyd mewn un iaith—unig iaith—y plant.

Cyfrannodd y Parch Henry Griffiths, Pennaeth Coleg yr Annibynwyr yn Aberhonddu, yn sylweddol ac yn feirniadol i adroddiad y Comisiynwyr. Wrth ateb y cwestiwn 'A oedd yna anwybodaeth ymysg y tlawd?' ac ar ôl eu hamddiffyn a'u cymharu'n ffafriol â gwerinwyr cyffelyb yn Lloegr (lle buasai'n weinidog am 12 mlynedd) mae'n ysgrifennu'r frawddeg hon: '. . . In Wales, the education of the people is independent of, and therefore must not be measured by, the extent of their school attainments.' Mae hon yn frawddeg bwysig sy'n crynhoi'r sefyllfa fel yr oedd mewn gwirionedd, sefyllfa na fedrai'r Comisiynwyr ei chanfod na'i deall oherwydd eu cefndir. Ni fedrent amgyffred fel y bu i Griffith Jones osod sylfaen mor odidog i lythrennedd yn y Gymraeg ac fel roedd dylanwad y Diwygiad Methodistaidd a'r Ysgolion Sul wedi rhoi hwb pellach i ddarllen a dysgu ymhlith pobl gyffredin. Roedd y rhan fwyaf o'r ysgolion dyddiol, amrwd eu haddysg, yn ceisio cyflawni eu gwaith gan anwybyddu'n llwyr yr hyn oedd yn digwydd yn frwdfrydig o'u cwmpas.

Ysgol Llanfihangel Nant Brân, 1919.

Cymeriad neu Ddau

Gŵr a wyddai'n dda am ochrau gogleddol yr Epynt oedd yr Henadur Roger Williams, Llanfair-ym-Muallt. Cyfrannodd lu o erthyglau i'r papur lleol am flynyddoedd lawer ddechrau'r ganrif. Roedd yn Gymro Cymraeg; ond ceidwadwr ac imperialydd o'r hen ysgol ydoedd yn ei safbwynt gwleidyddol, dybiwn i. Mewn un erthygl mae'n taranu yn erbyn y ffermwyr nad oedd yn barod i ddanfon eu meibion i'r fyddin ac a oedd yn ymarhous yn tyfu gwenith yn unol â gorchymyn y llywodraeth. Disgrifia ei hun yn ymweld â'r Epynt un diwrnod o wanwyn (ac roedd yn ymwelydd cyson â'r mynydd ar bob math o achlysuron) ac yn synnu, wrth iddo edrych i lawr ar filoedd o erwau, nad oedd ond un neu ddau o gaeau wedi eu troi i wenith. Mae'n difrïo'r ffermwr mynyddig am nad yw'n cyfrannu i'r ymdrech ryfel.

Er gwaethaf ei agwedd jingoistaidd roedd gan Roger Williams adnabyddiaeth dda o'r Epynt. Roedd wrth ei fodd yn arwain ymwelwyr a ffrindiau i weld dirgelion y mynydd. Cyfeiria, er enghraifft, at ymweliad â Phant-y-llyn yng nghwmni'r llysieuwyr:

> Fe dynnodd yr arddangosfa brydferth o ffa'r gors yn eu llawn blodau ebychiadau o lawenydd pur oddi wrth y llysieuwyr, ac roeddynt yn dyheu am ddwyn darn ohono adre fel memento o brynhawn a dreuliwyd ar yr Epynt, ond roedd safle anghyrraedd y blodau yn y llyn yn gwneud hynny'n amhosibl.

Yn ei ysgrifau mae'n sôn am rai o gymeriadau'r Epynt a adnabu. Rhestra enwau fel Twm Bwllfa, Rees Car, Evan Ffrwd-wen a Wil Ffynnon. Ond William Probert neu 'Billy Boy' sy'n cael fwyaf o sylw; ac ef, yn wir, yw'r cymeriad a gofir amlaf gan y cyndrigolion. Mae'n amlwg ei fod yn gymeriad arbennig, a'i annedd oedd Tafarn-y-mynydd—gwesty pwysig yng nghyfnod y porthmyn gan fod ffynnon gerllaw iddo.

Ffrwd-wen.

Yn ôl Rees Price, byw wrtho'i hunan yn Nhafarn-y-mynydd wnâi Billy, a thystia ei fod yn fugail rhagorol. 'Doedd 'na ddim gwell bugel ar Epynt nag e.' Cofia Price hefyd y stori amdano a gynhwysir yn llyfr Ronald Davies ond a adroddir â mwy o liw ganddo ef:

> Ôdd Billy wedi hifed gormod ac wedi gorwedd yn y clawdd, ac wedi dihuno fe anghofiodd e'r dorth a'r cwdyn [yn cynnwys siwt newydd, yn ôl Ronald Davies]. Pwy ddâth hibo ond gwnidog Gorwydd ac fe gâs e'r dorth. 'I âth â'r cwdyn a'r dorth—ôdd e'n gwbod ma Billy Boy ôdd pia nhw—a rhoiodd nhw i Ifor y Siop, Post Offis yn y Gorwydd 'na. 'Cefes y cwdyn yn ochor yr hewl wrth Perthi Gleision 'na. Cadw 'fe,' mydde fe, 'e ddaw i whilio amdano fe nawr jyst, 'i genta.'
> Ymhen cetyn 'ma Billy yn mynd lawr hibo, 'n sionc reit, dim dangos i neb. A Ifor yn galw, 'Billy, le ti'n mynd?' Gwedodd Billy, 'Wi'n mynd lawr sha Llangamarch.' 'Gollest ti ddim rhwbeth nithwr?' medde Ifor. 'Wel, do yn wir!' mydde fe. 'Tawn i'n marw ôn i wedi mynd i gâl nap yn ochor yr hewl wrth ddŵad nôl, ôn i wedi câl dropyn ar y mwya, ag . . . 'i golles i'r cwdyn a'r bara.' 'Wel ma'r bara . . . ma'r cwdyn, 'ma . . .' 'Wel, diolch am hynny,' medde Billy. 'Wel, wyt ti'n gwbod pwy ffindiodd e?' mydde Ifor. 'Wel, na wn yn wir,' mydde Billy, 'a dyw hi ddim gwanieth gen i . . . ond i fi gâl e,' mydde fe. 'Wel, Ifans y Gweinidog ddâth ag e i fi,' mydde Ifor. 'Wel, yn siŵr, wel tyna fe. Wel diolch mai gwas yr Arglwydd ffindiodd e,' mydde fe. ''Se gwas y Diafol wedi 'i ffindo fe, chelen i damed o fara byth,' mydde fe.

Gan Ronald Davies y cawn yr hanes hwnnw am y ffermwr o Landeilo'r Fân a fyddai ar ei dro yn dod heibio i Dafarn-y-mynydd ac a fyddai'n esgus i gael ei wahodd i mewn i weld drosto'i hun sut y byddai Billy a John yn cadw tŷ ac i gael gweld pa fwyd a fwytaent. (Nai Billy oedd John, a oedd yn byw gydag ef, erbyn hyn.)

Un diwrnod, tua amser cinio, cyrhaeddodd at ddrws eu cartref ac, fel arfer, ni chafodd ei wahodd i mewn. Fel esgus i gael mynd i mewn, mae'n dweud wrth Billy a John ei fod yn newynog iawn. 'Hoffech chi gael cinio gyda ni?' gofynnodd Billy. 'Diolch yn fawr,' meddai'r ffermwr, 'fe fyddwn i wrth fy modd.' 'Mi a' i i'r gegin nawr,' meddai'r hen Billy'n gyfrwys, 'i weld sut ma'r cawl.' Gadawyd y ffermwr gyda John ar drothwy'r drws, ac aeth rhagddo i ddweud mor llawen y byddai i gael rhannu eu cinio gan ei fod mor newynog. Yn sydyn daeth Billy allan a chyhoeddi, 'Fydd y cinio ddim yn hir nawr; mae'r cawl yn berwi'n barod, ac mae'r malwod yn dechre dod i'r wyneb, ac felly mae bron yn barod.'

O glywed hyn, fe gofiodd y ffermwr yn sydyn fod ganddo gyfarfod yn Llanwrtyd, ac na fedrai aros i ginio wedi'r cwbl. Fel y ciliai'n gyflym o'r golwg, chwarddodd Billy nes roedd y dagrau'n llifo i lawr ei ruddiau.

Tua'r adeg yma byddai nifer fawr o grwydriaid yn arfer galw heibio i Dafarn-y-mynydd ar eu ffordd i chwilio gwaith yn argae ddŵr Rhaeadr Gwy. Roedd rhai ohonynt yn gymeriadau garw, yn ymfflamychol yn eu cwrw. Un diwrnod roedd un o'r rhain, cawr o ddyn, i'w weld yn agosáu at gartref Billy a John. Ciliasant i'r tŷ a chloi'r drws gan obeithio y byddai'r crwydryn yn mynd heibio. Ond na, curodd ar y drws gan fynnu dod i mewn am bryd da o fwyd. O'r diwedd collodd ei dymer gan fygwth torri'r drws i lawr a lladd yr anheddwyr. Unwaith eto, yn chwim o feddwl, fe ymguddiodd Billy y tu ôl i'r drws a brws llawr yn ei ddwylo a gorchymyn i John weiddi ar y crwydryn y gallai ddod i mewn am bryd o fwyd. Wrth i John agor y drws yn ofalus, rhuthrodd y crwydryn i mewn yn wyllt. Cododd Billy'r brws a bwrw'r ymwelydd annerbyniol ar ei ben nes ei fod yn anymwybodol. Llusgasant ef gerfydd ei goesau rownd cornel y tŷ a'i adael yno; ond erbyn y bore roedd wedi dod ato'i hun ac wedi ymadael.

Yn y canol, Wil Ffynnon ac ar y chwith iddo, yn tynnu ar ei bibell, mae William Probert neu 'Billy Boy'.

Stori arall sydd gan Ronald Davies yw honno am Billy yn ymweld â Llanwrtyd pan ddaeth pregethwr ato a'i rybuddio am beryglon meddwdod. Ychwanegodd ei fod wedi synnu o glywed fod Billy'n aml yn rhy feddw i farchogaeth ei ferlen adref a'i fod wedi gorfod cysgu yn y preseb yn y dafarn. Fel fflach, atebodd Billy Boy, 'Does gen i ddim cywilydd o hynny gan fod dyn llawer mwy na mi wedi cysgu mewn preseb mewn stabl wrth ymyl y dafarn.'

Dywed Roger Williams iddo gyfarfod Billy Boy am y tro cyntaf ym mis Gorffennaf 1910. Roedd yn cerdded dros y mynydd o Drecastell i Lanfair-ym-Muallt i geisio ymgydnabod â'r hen lwybrau dros yr Epynt a fodolai gan mlynedd ynghynt, pan oedd Llanfair yn ganolfan wlân bwysig yng Nghymru.

Roedd yn arferol, ar foreau Llun yng Ngorffennaf ac Awst, weld nifer o ffermwyr yn cludo eu gwlân mewn sachau mawr ar gefn ceffylau o Landeilo'r Fân a'r plwyfi eraill ar gyrion yr Epynt, i Lanfair. Byddai'r ffermwyr mwyaf yn arwain dau neu dri o geffylau, pob un wedi ei lwytho â sacheidiau o wlân. Byddai'r dyn oedd yn gyfrifol yn marchogaeth ar y blaen, yn arwain y ceffylau llwythog. Yr adeg hynny o'r flwyddyn, roedd marchnad Llanfair yn enwog am ei digonedd o foch cart, ac wedi i'r ffermwyr gael gwared o'u gwlân byddent yn dychwelyd adref gyda stoc o foch, yn ddigon i gwrdd â'u hanghenion hwy a'r tyddynwyr yn eu cymdogaeth . . .

Fel roeddwn yn myfyrio am y gorffennol wrth gerdded ar raddfa o tua phedair milltir yr awr a chofio'n arbennig am farwnad Williams Pantycelyn i Llywelyn Dafydd, Llywel deuthum heibio i annedd unig. Nid oedd arwydd o fywyd yno ar wahân i hen gi blinedig yr olwg a ddechreuodd gyfarth wedi iddo fy ngweld. Nid oeddwn wedi mynd ymhell pryd y clywais lais o'r tu ôl i'r drws. Gŵr oedrannus a chanddo wyneb dymunol, diniwed oedd y siaradwr. Trois yn fy ôl gan ddatgan y gobaith nad oeddwn, trwy achosi i'w gi gyfarth, wedi tarfu ar ei gwsg ar brynhawn Sul. 'Na. Na,' oedd ei ateb, 'Doeddwn i ddim yn cysgu.

Gwrando roeddwn i ar John oedd yn darllen y Beibl imi. Mae e wedi darllen y Beibl imi o'i ddechrau i'w ddiwedd yn ystod y deuddeng mis diwethaf, a heddiw mae'n darllen rhan o Genesis unwaith eto.'

Gofynnais ei enw. Atebodd ei fod yn cael ei adnabod ar y mynydd fel 'Billy Boy' ond mai ei enw oedd William Probert. Roedd yn eiddgar i wybod i ble roeddwn i'n mynd a pham, a dywedais wrtho fy mod yn cerdded i Lanfair. Gwenodd a dywedodd, 'Bydd Mr Arthur Brook, yr adarwr a'i gamera, yn aros yma dros nos pan fydd am dynnu lluniau'r cigfrain yng Nghwmdyfnant nid nepell o'r tŷ yma.'

Ni fyddai ymron neb o'r bobl leol yn barod i fynd trwy Gwmdyfnant wedi nos. Roedd y lle yn brawychu pobl gan mai mewn cors yno y darganfuwyd corff Pegi Fach y Ffrydiau a lofruddiwyd gan ei chariad Jaci, Troedrhiw-derwyddon. Darganfuwyd y corff gyda chymorth y dyn hysbys, Harris, Cwrt-y-cadno.

Dywed Roger Williams fod Billy Boy wedi dweud wrtho gyda chryn falchder ei fod yn un o'r dynion cyntaf o Abergwesyn i hebrwng praidd niferus o ddefaid mynydd gyda thrên o Lanwrtyd i Reading. Aethai'r trên oddi ar y rheiliau a gorfu iddo gorlannu'r defaid mewn fferm gryn bellter o stesion Reading. Arhosodd Billy yn nhafarn y pentref am bron wythnos, yn dosrannu'r cannoedd defaid yn niferoedd i'w gwerthu yn ôl gofynion y prynwyr. Roedd y gwaith yn ystod y dydd yn galed, ond gyda'r hwyr roedd digon o hwyl, gan fod y bobl yn gyfeillgar ac yn hoffi'r caneuon Cymraeg.

Yn ei atgofion yn *More Gathered Gold* (Sennybridge and District Writers' Circle, 1996) cawn gan Glyn Evans, Ffinnant, Soar, Llanfihangel Nant Brân, ychydig o hanes perthynas iddo, William Rees, neu Wil Ffynnon:

Cymraeg oedd ei iaith gyntaf ond enwau ei gŵn oedd Lee a Wallace a'i geffylau oedd Llwyden a Boswell. Bugail oedd dros breiddiau nifer o wŷr yng Nghefngorwydd a Llanwrtyd. Câi ei dalu am ei fugeiliaeth (dros yr haf, wrth gwrs) yn ôl swllt y ddafad ac enillai £50 y flwyddyn, a mil o ddefaid felly yn ei ofal . . . Pan awn i Ffynnon (Ffynnon Dafydd Bifan) yn ystod y gwyliau, byddai Wil yn trefnu gyda nifer o gymdogion i dorri i mewn nifer o geffylau. Roedd mam-yng-nghyfraith Wil, fy modryb, bob amser yn bryderus y byddai imi gael fy nhaflu gan ebol gwyllt, a byddai'n cuddio'r gwartholion. Byddem yn trechu'r anhawster bach hwnnw trwy guddio pâr arall o olwg y tŷ . . . Cofiaf ddal poni gwyllt, gwyn ger Abercriban un tro . . . ond yn ôl Wil, un 'cysglyd' ydoedd, ac yn wir bu'n berffaith hamddenol wrth imi ei farchogaeth . . . Yr un diwrnod penderfynodd Wil, oedd yn eisteddfodwr brwd, fynd i eisteddfod ym Methel, Cynghordy. Cychwyn am dri o'r gloch, Wil ar gefn Llwyden a minnau ar gefn y poni gwyn . . . Roedd yn 6.30 arnom yn cyrraedd . . . Cofiaf lawenydd Wil wrth iddo weld ei gyfaill Brinley, Gwybedog, yn y gynulleidfa. Roedd hi'n eisteddfod ragorol gyda dros 30 o gwpanau arian i'w hennill . . . Ar y ffordd adre, bu Wil yn canu rhai o'r caneuon a glywsai yn ystod y noson . . . Bu inni gyrraedd yn ôl i Ffynnon am 6.30 y bore.

Roedd yna fywyd cymdeithasol llawn i bobl y mynydd yr adeg honno, ond roedd y gwaith beunyddiol yn golygu gofalu'n ddiwyd am y preiddiau:

Byddai Wil yn treulio cryn dipyn o amser yn chwilio am ddefaid oedd ar goll . . . Un tro, clywodd fod John Williams, Ynys-hir wedi dod o hyd i dair o'i ddefaid . . . Ar ôl cyrraedd Ynys-hir fe welwyd y byddai'n anodd hebrwng y defaid yn ôl ar draws yr Epynt ac felly fe fu inni eu clymu ochr yn ochr, gerfydd eu hysgwyddau a bôn eu cynffonnau. Fe olygodd oriau o daith inni ac, er ei fod yn ddull newydd o yrru defaid, profodd yn llwyddiant. Deuai ffermwyr yn eu tro i Ffynnon i nôl defaid strae. Cofiaf am ŵr Penstâr, Llanfihangel Nant Brân yn cludo un adref ar war ei geffyl, o'i flaen.

Ffynnon Dafydd Bifan.

Cwm-car.

Roedd y Ffynnon ar fore Sul yn gyrchfan poblogaidd. Ar ôl brecwast, deuai ffermwyr o Gefngorwydd, Llanwrtyd a ffermydd y fro, oedd â defaid yn pori yn y cylch, i weld eu preiddiau. Cip sydyn arnynt ac yna, tua 10.30, byddent yn crynhoi yn Ffynnon am baned o de a sgwrs. Pan symudodd fy modryb o Gwm-car i Ffynnon bu iddi ddwyn y 'diwifr' gyda hi, debyg iawn. Hon, tua diwedd yr ugeiniau, oedd yr unig un yn y cylch. Roedd f'ewythr John yn ei thrysori yn bennaf er mwyn gwrando ar yr oedfa ar fore Sul.

. . . Felly, am 11.00 a.m. peidiai pob siarad am ryw awr yn ystod y gwasanaeth. Yna, wedi trafod y bregeth am ychydig, byddai'r porwyr i gyd yn troi tuag adref, pob un ar gefn ei boni. Byddai rhai yn ymuno yn y gwmnïaeth er nad oedd ganddynt ddefaid ar yr Epynt . . . Euthum i Ffynnon am y tro olaf yn 1939, trwy Ryd-y-maen a dros y mynydd, ar adeg cneifio. Wrth ffarwelio â'n gilydd, gwaeddem 'Tan flwyddyn nesa'. Ond nid oedd hynny i fod. Pe baem ni'n gwybod beth oedd yn mynd i ddigwydd, byddem wedi eistedd i lawr ac wylo . . . Credaf i Wil dorri ei galon wrth iddo orfod gadael ei rosfa ar Epynt am byth. Bu farw yn Abergorlech, fis Chwefror 1947, yn 36 oed.

Cawn yn yr un gyfrol erthygl gan Glyn Evans yn sôn am angladd ar Epynt. Roedd tua 10 oed pan fu farw John Edwards yng Nghwm-car. Fferm gyda'r mwyaf unig ac anhygyrch oedd hon, tua chwe milltir o Ferthyr Cynog a thua'r un pellter o Langamarch a Chefngorwydd.

Roedd fy ewythr yn ŵr crefyddol ac yn gapelwr ffyddlon. Perchid ef am ei garedigrwydd a'i gywirdeb. Ond doedd yna ddim yn ei broffes a'i gwaharddai rhag mwynhau cŵn hela Irfon a Thywi, na chŵn Aberhonddu, wrth iddynt gyrchu tua Chwm-car . . . Roedd hefyd yn mwynhau potsian samwn a brithyll.

Bu'n rhaid inni adael Blaen-gwy, Bont-faen yn gynnar . . . Tŷ bychan oedd Cwm-car ond fesul tipyn roedd tyrfa'n crynhoi. Yno yng nghanol unigeddau Epynt teimlwn y tristwch yn syrthio ar y gwŷr hyn, yn eu dillad parch. Daeth llawer ohonynt ar gefn eu ceffylau. Wedi paned o de a gwasanaeth byr yn Gymraeg, cludwyd yr arch allan o'r tŷ a'i gosod ar gambo, a cheffyl cymydog yn y llorpiau. Bellach roedd y cyfan yn barod i gludo ewythr John ar ei daith olaf drwy'r mawnogydd, lle bu'n torri cymaint o danwydd gaeaf, a dros y mynydd, lle bu'n bugeila praidd Glangwesyn gyda gofal a diwydrwydd. Arweinid yr orymdaith gan y gweinidog—o flaen y gambo, yn cael ei hebrwng gan un neu ddau a wyddai'r ffordd trwy'r corsydd a'r pantiau. Cerddai modryb Janet y tu ôl i'r gambo gyda'i merch a'i mab-yng-nghyfraith, Mary a Wil, Ffynnon. Cerddai'r gweddill yn ddeuoedd a thrioedd . . . Roeddwn i yn y canol yng ngafael llaw gref Mrs Lewis, y Cnwch, Llangamarch . . . Fi oedd yr unig blentyn yn y cynhebrwng ac roeddwn eisiau gweld popeth . . .

Rhyw filltir o Gwm-car, yr ochr arall i nant Ysgir Fechan, aethom heibio i adfeilion Cwmtyclau . . . Yn gyfochrog â'n llwybr rhedai llwybr y Bwllfa i Langamarch. Cerddai Mrs John Pritchard y ffordd honno i siopa (a hefyd yn gyson i gapel y Methodistiaid yn yr un pentref)—ffordd arw, unig a serth. Bu iddi hi a'i gŵr ddod o hyd i ffordd wych o ymlwybro trwy'r corsydd. Bu iddynt falurio llawer o lestri a gosod y darnau ar hyd y llwybr. Fel 'llygaid cathod' ar yr A40!

Mr Pritchard oedd yn arwain y ceffyl yn y gambo yn ystod y cynhebrwng . . . Dirwynodd ein taith trwy'r brwyn i Dri Chrugyn, yna troi i'r chwith tua Ffynnon, pryd y tynnwyd yr arch oddi ar y gambo a'i chludo ar ysgwyddau dynion i lawr llethr serth y mynydd i Gynala, ac oddi yno i gapel Cefngorwydd.

Wedi oedfa fer, a chwmnïa gyda phobl o bell ac agos ar ôl hynny, rhaid oedd dychwelyd tua thref—ond roedd wedi dechrau nosi erbyn hyn. Cynhyrfus felly oedd y daith yn ôl i Gwm-car. Erbyn imi gyrraedd adref roeddwn wedi blino'n lân, ar ôl cerdded dros 20 milltir.

Mewn erthygl arall ceir gan Glyn Evans adroddiad o'i brofiadau yn gyrru ceffylau o'r Cilgwyn, Llanfihangel Nant Brân, i Ffair Geffylau Llangamarch ar 15 Hydref 1934:

Ymunodd nifer o ffermwyr a'u gyrroedd yn y gwaith a olygai ddidoli'r ebolion oddi wrth y cesyg a'u gyrru heibio i Neuadd-lwyd. Ystyrid y fferm hon yn noddfa i ysbrydion—gymaint felly fel na fynnai John, oedd yn hen lanc, gysgu yno. Âi felly i noswylio gyda'i frawd mewn fferm gyfagos. Wedi dychwelyd yn y bore âi i bob ystafell a churo'i ddwylo a gweiddi, 'Allan â chi'r cythreuliaid!' Gerllaw roedd fferm Glan-dŵr lle bu teulu o Babyddion, yr Havards, yn byw tua 1880. Ymlaen wedyn i Gwm-car ac i fan uchaf yr Epynt cyn disgyn i Langamarch . . . Yna byddai'r perchenogion yn amgylchu eu hebolion gwyllt hwy i'w cadw ar wahân cyn eu gwerthu.

Taith flinderus a diwrnod hir, ond fe gofiai'r awdur yr hwyl a'r llawenydd a'r cwmni diddan.

'Y Wasgarfa Fawr'

Mae'n gymwys inni ddechrau adrodd hanes y misoedd olaf, dirdynnol ym mywydau trigolion yr Epynt, cyn iddynt orfod brysio i symud, trwy ddyfynnu o atgofion Mr Ronald Davies yn ei gyfrol fach, ac ar y teledu yn 1972. Tystia iddo fynd ati i ysgrifennu'r llyfr er 'coffadwriaeth i ardal gyfan oedd wedi diflannu', yn arbennig gan fod y bobl a gofiai'r profiad yn prinhau.

Rwy'n cofio 1939 yn dda iawn. Roedd yn haf godidog; heulwen bob dydd. Treuliais lawer o'm hamser yn y gwely oherwydd afiechyd ac erbyn adeg ailagor yr ysgolion nid oeddwn yn ddigon da i ddychwelyd, ac yr oeddwn yn dra siomedig na fedrwn fynd i'r ysgol gyda fy mwgwd nwy!

Tua chanol Medi euthum i Gefnbryn-isaf at mam-gu a thad-cu i gael newid awyr cyn dychwel i'r ysgol. Roedd y tywydd yn dal yn braf ac roedd y rhyfel yn ymddangos mor bell i ffwrdd, ac roedd ffermwyr y cylch yn llawen a'u hysguboriau llawn o wair ac ŷd. Ychydig a feddylient na fyddai'r ysguboriau hyn fyth eto yn cael eu defnyddio i storio porthiant ar gyfer anifeiliaid.

Un bore Llun euthum ar fy meic i ysgol Cilieni a chael sgwrs gyda rhai o'r plant amser chwarae. Edrychent yn griw llawen, yn chwarae gyda'i gilydd. Ychydig a feddyliwn y byddai'r criw bach yma o blant yn cael eu gwasgaru i feysydd chwarae gwahanol, filltiroedd lawer i ffwrdd. Tua 3.00 p.m. ar y dydd Llun hwnnw daeth Hillman Minx lliw khaki ac aros y tu allan i Gefnbryn-isaf. Roedd yn cael ei yrru gan ferch gwallt golau, atyniadol yng ngwisg ATS.

Fe gofiaf o hyd mor ddeniadol ydoedd ond edrychai'n drist, fel pe bai'n gwybod fod ei neges yn mynd i ddifa'r Cwm. Capten yn y fyddin oedd ei chydymaith ac esboniodd ef i'm tad-cu fod yr Adran Ryfel yn bwriadu meddiannu'r ardal i'w throi yn Faes Tanio. Roedd yn gwneud arolwg ac am sicrhau faint o erwau oedd ym mhob fferm. Gofynnodd yn wir beth oedd maint Cefnbryn-isaf.

Roedd f'wncwl Dai a llawer o'r ffermwyr eraill yn torri'r berth o gwmpas capel y Babell y prynhawn hwnnw, a dywedodd fy nhad-cu wrth y Capten i fynd draw i'r Babell i siarad gyda nhw. Dilynais innau y car ar fy meic a phan gyrhaeddais y capel roedd y Capten yn dangos ei fapiau i gynulleidfa oedd yn amlwg wedi ei syfrdanu. Roedd y newydd yn ergyd iddynt; yn hollol annisgwyl; ac ymhen naw mis byddai'r cyfan drosodd. Wedi i'r car yrru i gyfeiriad yr ysgol roedd yna ddistawrwydd ofnadwy. Ni wyddai neb beth i'w ddweud. Roedd pawb yn anghrediniol. Ni fu dim byd yr un peth yn y Cwm wedi'r dydd Llun hwnnw.

Daeth y gaeaf yn gynnar—un o'r oeraf o fewn cof. Roedd y tywydd yn oer a chalon pawb yn oer wrth feddwl fod yn rhaid symud, a phawb yn poeni ynghylch ble y gallent ddod o hyd i gartref arall. A oedd yn werth iddynt drin y perthi a gwasgaru *basic slag*, agor y gwteri ac atgyweirio toi yr ysguboriau? Gofynnai llawer o'r hen bobl, rwy'n siŵr, a oedd hi'n werth byw mwyach.

Min nos, gellid gweld golau anwastad y lampau stabal paraffîn ar y buarthau, a gorchuddid y ffenestri gan frethyn y blacowt. Yn fuan, ni fyddai'r goleuadau i'w gweld ddim mwy. Erbyn y gaeaf dilynol byddai'r lampau stablau hyn yn goleuo rhyw fuarth ymhell i ffwrdd.

Cyn y Nadolig, 1939, cyrhaeddodd y gorchymyn oddi wrth y Swyddfa Ryfel fod yn rhaid i bawb symud allan erbyn 30 Ebrill 1940, fan bellaf. Ffurfiwyd pwyllgor i warchod buddiannau'r ardal. Bu Mr (William) Williams, Bryncelyn, Pontsenni a Mr Gwynfor Evans, Llangadog yn weithgar iawn a chynhaliwyd nifer o gyfarfodydd, ond ni fynnai'r Adran Ryfel newid ei meddwl. Fe roddwyd iddynt ganiatâd i aros tan 1 Mehenfin er mwyn i'r wyna ddod i ben cyn symud y stoc.

Tua diwedd mis Rhagfyr bu i Mri W. J. Price a'i Fab gynnal arwerthiant arbennig ym Mhontsenni a gwerthwyd dros 200 o wartheg. Y prisiau oedd: da a lloi £25-37; teirw hyd at £34; buchod tew hyd at £24; aneiri £15-23; eidionnau £14-17; gwartheg bach £9-12. Dyma un o'r arwerthiannau cyntaf i ddangos cynnydd mewn prisiau da byw oherwydd y rhyfel.

Cofiaf fynd i Gilieni yn ystod gwanwyn 1940. Roedd rhai o'r ffermwyr allan gyda'u gweddoedd yn aredig, yn dal i obeithio y deuai gohiriad ar y funud olaf. P'run bynnag, roedd dal i weithio yn tynnu sylw oddi wrth eu pryderon.

Tynnwyd y llun yma ar ol glanhau'r capel am y tro olaf.

Ond ni chafwyd gohiriad, ac erbyn dechrau Ebrill ymroddodd pawb i chwilio o ddifrif am gartref newydd i symud iddo. Cafwyd mis arall o ras tan 30 Mehefin ac apeliodd yr NFU ar i bob ffermwr gefnogi arwerthiannau stoc y ffermwyr oedd wedi methu cael ffarm arall. Ar 21 Mai 1940 cafwyd gorchymyn gan y Swyddfa Ryfel fod pob merlyn ar yr Epynt i gael ei symud erbyn 20 Mehefin, fan bellaf, gan y byddai'r tanio'n dechrau'n bendant ar 1 Gorffennaf.

Prawf o ddygnwch y bobl a fagwyd ar fryniau Epynt oedd fod bron pob un wedi dod o hyd i gartref newydd i'w deulu ac i'w anifeiliaid erbyn mis Mai. Bu rhai yn ddigon ffodus i gael fferm yn weddol agos ond bu raid i lawer symud ffordd bell.

Ar 14 Mehefin 1940 cynhaliwyd arwerthiant o dros 500 o ddefaid a llu o ferlod o Flaentalar a ffermydd eraill, ym Mhontsenni, ac ar 26 Mehefin 1940 gwerthwyd yno bron i 500 o ddefaid o Lwynteg Uchaf a Rhiwdefaid. Roedd cymuned glòs yn cael ei chwalu heb obaith dod ynghyd eto ar y tir a anwylid gymaint gan ei haelodau.

Un o'm hatgofion olaf o Gwm Cilieni yw cerdded gyda f'ewythr Dai ar fore niwlog ym mis Mai 1940 ac aros wrth glwyd Maesybeddau. Gofynnais iddo beth oedd enw'r mynydd yn y pellter ac atebodd mai'r mynydd uwchben Llanfihangel Nant Brân ydoedd. Gyda chwilfrydedd plentyn gofynnais iddo beth oedd yr ochr draw i'r mynydd a dywedodd wrthyf mai lle o'r enw Pontfaen oedd yno. Rhywle ar yr ochr arall i'r mynydd hwnnw ar y diwrnod hwnnw roedd merch fach yn byw a'i henw Bronwen. Bu imi ei chyfarfod un mlynedd ar ddeg yn ddiweddarach, a heddiw hi yw fy ngwraig.

Mae sylwadau Ronald Davies yn ei gyfrol *Epynt Without People* yn werthfawr, nid yn unig oherwydd yr atgofion clir uchod ond oherwydd ei restr o'r ffermydd a gollwyd ac enwau'r teuluoedd a drigai ynddynt ar y pryd, a rhestr yr un mor ddiddorol o anheddau a arferai fodoli ar yr Epynt ond oedd bellach yn wag. Colled i'w gymdeithas, y bu'n ei gwasanaethu fel cynghorydd sir am nifer o flynyddoedd, fu ei farw anhymig. Arwydd o barch tuag ato yw'r gyfres o englynion a gyfansoddwyd gan John Phillips, cyn-brif-weithredwr Dyfed, er cof amdano. Pwysleisir ei gyfraniad fel 'Un o epil bro Epynt' ac 'a roes i'r oesau . . . I adrodd stori'r lladrad./A'r briw fu'n gymysg â'r brad.' Rhoddodd gofnod inni o hanes y gwasgaru 'O'r oriau rhydd cyn troi y rhod/I boen yr olaf bennod.'

Er hynny, nid yw ei ffeithiau bob amser yn llwyr ddibynadwy—wedi'r cyfan pwyso ar ei gof a wnâi wedi cyfnod o 31 mlynedd. Er enghraifft, nid wyf wedi dod ar draws unrhyw gyfeiriad arall at y ffaith fod y gorchymyn i ymadael wedi dod 'cyn y Nadolig'. Cyfeiriad sydd yma at y rhybudd ysgrifenedig, mae'n siŵr, ond ni welais enghraifft o hyn yn gynharach na mis Mawrth 1940. Yn ôl llyfr lòg ysgol Cilieni, rhaid fu aros tan 3 Mai 1940 cyn i ddau swyddog o'r Swyddfa Ryfel ymweld â'r ysgol i roi gwybodaeth *derfynol* y byddai'n gorfod cau ymhen y mis ac y byddai'n dod yn eiddo i'r Swyddfa Ryfel. Nid yw'r prisiau uchel am wartheg etc. a nodir ganddo yn y farchnad ym Mhontsenni o angenrheidrwydd yn ymwneud â ffermwyr yr Epynt yn gwerthu eu stoc ar ruthr i symud. Yn wir, mae'r dystiolaeth i'r gwrthwyneb, eu bod, lawer ohonynt, wedi gorfod ar y diwedd yn lân werthu ar frys am bris gostyngol.

Mewn amgylchiadau trawmatig o'r math a ddisgrifir gan Ronald Davies, profiad cyffredin i'r trigolion oedd cael eu taro'n fud gan syndod anghrediniol yn y lle cyntaf, cyn cael eu taro'n ddiweddarach gan deimlad o ddigalondid a diymadferthedd. Roedd y newydd yn sioc ac yn ysgytwad i'r trigolion a oedd yn ymwybodol o'r rhyfel ac yn barod i ymuno yn yr ymdrech i godi rhagor o fwyd yn unol â galwad y llywodraeth; ond roedd meddwl am orfod gadael ffermydd a ffordd o fyw oedd yn ymddangos yn sefydlog, yn loes a gofid dwfn iddynt. Mae'n wir i'r plant a'r bobl ifanc lwyddo i ddygymod â'r newid, a dyna a ddisgwyliem, ond effeithiwyd ar hunan-barch ac iechyd ac ysbryd y genhedlaeth hŷn. Cefais dystiolaeth gan sawl person fod eu rhieni wedi torri eu calonnau ac na fuont fyw'n hir wedyn. Dyna a gofia Gwynfor Jones, un o blant Llwyn-coll, am ei fam-gu a'i dad-cu a ffermiai yn Hirllwyn, 'eu bod wedi llefain am ddyddiau'. Roedd ei dad-cu wedi ei eni yn Hirllwyn.

Briwnant, Cwm Cilieni. (*Amgueddfa Werin Cymru*)

Tystia Mr Jones nad oedd nemor neb yn rhoi sylw i'r stori fod y ffermydd yn mynd i gau, ond fe gofia un diwrnod o ddadrithiad pan oedd ef a'i frawd yn llwytho tail. Galwodd ei dad-cu yn Llwyn-coll ar ei ffordd i'r Hirllwyn a dweud wrthynt fod cynghorydd wedi dweud wrtho nad oedd angen gwneud rhagor o waith ar y fferm. 'Fe fyddwch yn gorfod ymadael ymhen mis.' Aeth yntau draw i'r Hirllwyn y noson honno, a'r hyn a gofia yw'r llefain yno. Roedd ei rieni hefyd yn ddigalon iawn.

Maentumia na thalwyd dime mwy na'i gwerth am Lwyn-coll. (Roedd y teulu'n berchen hefyd ar Gors-fach ac yn rhentu'r Briwnant.) Tir mynydd ydoedd ond roedd Mr Jones yn siŵr y byddai'n cael ei aredig heddiw i dyfu porfa dda. Roedd Llwyn-coll yn rhoi pwyslais ar fagu ceffylau nes iddynt gyrraedd pedair oed pryd y gwerthid hwy i weithio yn y pyllau glo.

Cofiai Edna Williams, a oedd yn byw gyda'i rhieni a'i dau frawd yn Llawrdolau, am swyddog milwrol yn galw heibio a'i thad yn gofyn, 'Beth os na fedrwn ni gael rhywle arall?' A'r ateb oedd, 'Fe gewch eich taflu i'r heol.' Mae hyn yn awgrymu fod yna elfen o fygythiad yn y ffordd roedd yr awdurdodau'n trin y trigolion ac yn eu dychryn. Fe ysgrifennodd Mrs Williams lythyr i'r *Western Mail* ar 3 Awst 1993 sy'n nodi'n ddifloesgni yr hyn a ddigwyddodd:

> Sir—In respect of Roger Hayes' letter 'History from a Different View' I would like to set the record straight on a couple of points. My father was a shepherd on Epynt in 1940 and our family lived at Llawrdolau. We were given three months notice to quit and because he was a shepherd and not a landowner received no compensation whatsoever. When one of the 'head men' came round, my father asked what would happen if he could not find a place to live. He was curtly told, 'You and your family will be turned out'.
>
> I do not blame the army for what happened on Epynt in 1940, and years later my husband and I were graziers on the army range and had excellent relations with the military.
>
> However, I blame the so-called democratic government of the day, who were so parsimonious and deaf to the cries of the people, that my family, and many like them, lost their livelihood and home without a word of apology nor one penny of compensation.

Perchennog Llawrdolau oedd Venables Llewellyn, Llys Dinas, Llanwrtyd. Bugail oedd tad Mrs Williams i ffermwr a rentai'r tir, gŵr o'r enw John R Jones, Cefn-llan, Llangamarch. Bugeiliaid hefyd oedd ei hewythrod ar ffermydd y Bwllfa a Ffrwd-wen.

Mr a Mrs Williams a ddywedodd wrthyf fod awdurdodau'r fyddin ar un achlysur, rai blynyddoedd ar ôl 1940, mewn cyfarfod cyhoeddus, pan oeddynt yn chwennych rhagor o dir, wedi addo na fyddent wedyn yn gofyn am ychwaneg. Ond y gwir yw eu bod wedi para i brynu a meddiannu. Yn eu cornel hwy o'r Epynt, yn 1940, collwyd Llawrdolau, Ffrwd-wen, Disgwylfa a'r Drovers' Arms. Yn ogystal, cymerwyd rhannau o ffermydd Sychbant, Cwmllaethdy, Mynachdy a Login ond fe arhosodd y teuluoedd yn eu cartrefi.

Teimlai nifer o'r ffermwyr yn gryf mai dros dro yn unig y collent eu tir ac y byddent yn dychwelyd i'w ffermydd ar ôl y rhyfel a fyddai, yn eu tyb hwy, yn dod i ben yn fuan. Enghraifft drawiadol o hyn yw'r hanes yng nghyfrol Ronald G Church, *Sennybridge Training Area 1940-1990*, a adroddir o dan y pennawd, 'A Skeleton in the Army's Closet'.

> Yn 1940 credai rhai o'r bobl a fwriwyd allan y byddent yn cael cyfle i anheddu eu hen gartrefi ar ddiwedd y rhyfel. Credai llawer y byddai'n dod i ben ymhen chwe mis. Arweiniodd y dybiaeth hon ar ran un ffermwr i ddigwyddiad a greodd lawer iawn o ddrwgdeimlad tuag at yr Adran Ryfel.
>
> Roedd Thomas Morgan a'i frawd William yn ffermio yng Nglan-dŵr yn nyffryn yr Ysgir

Fechan pan roddwyd notis iddynt ymadael. Fel llawer o ffermwyr eraill gadawsant eu ffermydd a symud i Lwyn Brain, Merthyr Cynog. Roedd Thomas mor hyderus o gael dychwelyd i Lan-dŵr fel yr âi i ymweld yn gyson â'r fferm a chynnau tân yn y tŷ i'w gadw'n gras. Bu i'r fyddin sylwi ar hyn ac un ai o barch at ddiogelwch Thomas neu er mwyn ei gosbi dyma nhw'n gweithredu'n eithafol [*overindulgent action*]. Un diwrnod cyrhaeddodd Thomas ei fferm a'i chael wedi ei dinistrio. Dywedodd swyddog oedd wedi aros ger llaw wrth Thomas ei fod wedi ffrwydro'r ffermdy ac felly nad oedd angen bellach i Thomas ddod yn agos i Lan-dŵr.

Syfrdanwyd y gymuned leol gan y digwyddiad a throdd anghrediniaeth yn gyflym yn gasineb at yr Adran Ryfel. Amlygwyd dicter y bobl leol trwy iddynt ddangos amharodrwydd i letya milwyr—arfer a wthiwyd arnynt ac a oddefwyd ganddynt fel rheidrwydd anghyfleus hyd yma.

Y digwyddiad yma oedd sail y ddrama boblogaidd *Sound of Stillness* gan T C Thomas, ysgolfeistr yn Llanfihangel Tal-y-llyn a dramodydd. Llwyfannwyd y ddrama gyntaf yn Aberhonddu gan Chwaraewyr Llynsafaddan yn 1950 ac fe'i cyflwynwyd nifer o weithiau yn y cyfamser. Yn wir, mae'r ddrama hon yn crynhoi'n effeithiol ddilema'r ffermwyr a hefyd gydymdeimlad amlwg rhai o'r milwyr oedd yn gorfod gweithredu polisïau nad oeddynt yn esmwyth eu meddyliau ynglŷn â nhw.

Un arall o drigolion yr Epynt a gredai y câi ei ddaear yn ôl rywbryd, yn ôl ei weddw, Mrs Owens, oedd gŵr y Gamriw—fferm ar oledd orllewinol Mynydd Bwlch-y-groes. Yn ôl ei hadroddiad hi, cafodd ei gŵr, oedd yn gyn-blismon, berswâd ar yr awdurdodau i gadw Gamriw 'er mwyn ei fam'. Torrwyd y daliad, fodd bynnag, o 400 i 140 o erwau a chodid tua £200 o rent y flwyddyn. Erbyn hyn mae Gamriw yn perthyn i'r Comisiwn Coedwigo ond yn cael ei ddefnyddio gan y fyddin. Yn anffodus, fe gafodd Mr Owens ei daro'n ddall, ond penderfynodd ei wraig a'i mab ifanc ddal ati i ffermio. Nid oedd yn dir hawdd ei drin. Yn un peth, roedd y ddaear yn llethrog iawn ac roedd y ffermdy wedi ei adeiladu yn erbyn y bryn yn y fath fodd fel y byddai storm o law yn achosi i ddwy fodfedd o ddŵr lifo ar lawr y gegin.

Llwyddodd y fam a'r mab i weithio'r fferm am gyfnod. Buont yn dra llwyddiannus yn gwerthu bwyd i'r milwyr fyddai'n ymarfer ar y raens. Fe gofia Mrs Owens iddi un noson fwydo saith ohonynt nad oeddynt wedi bwyta am 24 awr. Bu'r Weinyddiaeth Fwyd yn eu hymlid, yn holi i ble roedd y menyn a'r wyau a gynhyrchent yn mynd. Un tro galwodd swyddog i nithio'r gwir. Roedd hi, meddai, yn crynu ond roedd ei gŵr yn reit hyderus. Pwyntiodd at res o ieir wrth y clawdd a gofynnodd i'r ymwelydd busneslyd sut y gallent gael wyau a'r ieir wedi colli'u plu? Esboniodd hefyd eu bod yn rhoi'r bwyd yn rhad ac am ddim i'r milwyr. 'Dyna'r lleiaf y medrwn ei wneud. Wedi'r cwbl, maen nhw'n mentro eu bywydau,' meddai. Ar ôl i'r dyn o'r Weinyddiaeth ymadael i gyfeiriad Llywel daeth storm o daranau a gorfu iddo ddychwelyd i'r Gamriw am loches. Cafodd baned o de!

Defnyddid y fferm flynyddoedd cyn 1940 fel man aros i'r helwyr—y perchenogion tir a'u cyfeillion. Fe gofia Mrs Owens yn dda fel y byddai bara ffres a menyn a wyau wedi'u berwi yn cael eu gadael ar y ford a'r gwŷr bonheddig yn cael eu digoni, tra byddai'r plant yn cadw o'u ffordd yn y llaethdy.

Tua diwedd ei harhosiad yn y Gamriw diflasodd ar danciau'r fyddin a fyddai, wrth ymarfer, yn torri ffensys a chloddiau'r fferm. Ac er bod rhyfaint o iawndal yn cael ei gynnig, nid oedd yn ddigon i dalu am y difrod.

Ond i ddychwelyd at ymweliad y swyddog milwrol â'r ffermwyr hynny oedd yn tacluso o gwmpas y Babell ym mis Medi 1940. Fe nodwyd iddo symud wedyn at ysgol

Cilieni. Ar sail cyfweliad ag Olwen Davies, yr athrawes ar y pryd, ysgrifennodd Ann Gruffydd Rhys ddau baragraff agoriadol mewn erthygl yn *Barn*, Gorffennaf/ Awst 1993, yn rhoi disgrifiad trawiadol o'r ymweliad hwnnw:

> Canol mis Medi oedd hi, a phlant ysgol Cilieni wrth eu gwersi. Er bod y dyddiau'n prysur fyrhau roedd yr haul yn dal i dywynnu gwres yr haf drwy'r ffenestri. Anodd ar y gorau oedd cadw'r meddwl ar waith a hithau'n desog; anoddach os oeddych yn fab fferm a holl alwadau'r tir yn galw. Pan ddeuai diwedd pnawn nid oedd llawer o sefyllian yng nghyffiniau'r ysgol, dim ond ras am adref, waeth pa mor bell oedd hwnnw. Y pnawn hwn roedd gwers neu ddwy rhyngddynt a'r gloch pan glywsant sŵn car yn nesu at fuarth yr ysgol. Ymhen ychydig agorwyd y drws a cherddodd dyn dieithr i mewn yn dalog. Gwisgai lifrai lwydwyrdd, ac yng ngolwg y plant edrychai yn bwysig iawn. Aeth at eu hathrawes a siaradodd â hi am ychydig mewn Saesneg na ddeallent. Ond er nad oeddynt yn deall y sgwrs gwelsant wyneb Miss Davies yn newid, a'i llygaid yn fawr a syfrdan wrth iddi wylio'r dyn cefnsyth yn troi ar ei sawdl, a brasgamu at y drws.
>
> Aeth gweddill y pnawn heibio fel pob pnawn Llun arall, ac os oedd rhyw olwg drist ar wyneb eu hathrawes ni ddaeth i feddwl yr un plentyn mai o'u hachos hwy y tarddodd y tristwch hwnnw. Ac wrth iddi dacluso'i llyfrau yn nistawrwydd diwedd pnawn a chlywed lleisiau ei disgyblion yn pellhau nes mynd yn un â'r tawelwch y tu allan, ni allai lai na'u dilyn yr holl ffordd adref, yn ei meddwl. Dychmygai'r rhedeg penysgafn hyd lwybrau'r mynydd, y llawenydd o weld y tŷ o bell, yr edrych ymlaen at groeso mam ac at oriau o chwarae cyn noswylio. Ac yna, croesi'r trothwy, a sylweddoli bod rhywbeth o'i le. Byddai'r tad, efallai, yn ei ddillad gwaith yn eistedd yn syn yn y gegin, a'r fam yn syllu'n ddiddeall drwy'r ffenestr wrth baratoi te. Yn hwyr neu hwyrach byddai'n rhaid egluro i'r plant beth oedd neges y dieithryn mewn lifrai, ac yna, ni fyddai dim yr un peth iddynt hwythau, chwaith.

Mae cyffyrddiad ysgafn o ddychymyg yn yr hanes yna ond mae'n dal hanfod y digwydd, a'r hyn a olygai, yn gywir.

Cofia Rhys Jones, Berth-ddu, yntau, yn dda am ymweliad un o swyddogion y fyddin. Roedd yn briod a chanddo ddwy ferch fach; a phan alwodd y swyddog i gyflwyno'r newydd drwg roedd ef oddi cartref yn Llandeilo'n prynu lloi. Dychwelodd gyda'r gaseg a'r trap, a dyma ei wraig yn dweud wrtho am neges y dyn dieithr—fod yn rhaid iddynt symud o'r fferm. Gofynnodd iddi, 'Ble mae e'n awr?' Atebodd hithau, 'Wedi mynd i Bwlch-gwyn.' Dywedodd yntau wrthi, 'Rhowch y te'n barod. Rydw i'n mynd ar 'i ôl e. Rydw i am 'i weld e nôl yma yn y tŷ.' Fe gafodd hyd iddo ac fe ddywedodd wrtho ei fod am gael gair. 'Fe ddâth yn ôl 'da fi. Fe enjoiodd y te. Fe ddwedes i wrtho fe na fedrwn i ddim symud mewn 55 diwrnod.' Ond symud fu raid, ac fe fynnodd rhieni Rhys Jones ei fod yn symud ar fyrder. Llwyddodd i brynu fferm braf ar lan afon Tywi yn Llanwrda, ond mae wedi para i gadw diadell ar yr Epynt ac mae ei bersonoliaeth radlon yn adnabyddus i'r fyddin. Deil i fugeila ar lechweddau Mynydd Bwlch-y-groes, ef a'i gaseg wen.

Nid yw dyddiadau'r ymweliadau cyntaf, annisgwyl a bygythiol â'r ffermydd yn glir, ond yn ôl sylwadaeth Ronald Davies gellir bod yn weddol siŵr i hynny ddigwydd ddiwedd Awst a dechrau Medi 1939. Yng ngoleuni hyn, anodd yw deall y distawrwydd llethol i bob cyfeiriad tan fis Chwefror 1940: o leiaf nid yw'r papurau dyddiol na'r wythnosolion yn sôn am y bygythiad fel un disyfyd. Mynn Ronald Davies fod y gorchymyn *ffurfiol* wedi cyrraedd cyn y Nadolig, ond mae hyn yn annhebygol. Wedi'r ymweliadau cychwynnol mae'n ymddangos fod y trigolion yn teimlo fod y sefyllfa'n afreal ac amhendant: fel tawelwch o flaen y storm. Sut arall mae esbonio fod cyfarfod o gymdeithas Ponis Mynydd Epynt ar 9 Tachwedd 1939 yn trafod y ffaith fod y Weinyddiaeth Amaeth a Physgodfeydd yn cynnig 12 premium i stalwyni da er mwyn codi safon merlod mynydd ar yr Epynt? Byddai sioeau'n cael eu cynnal i'r pwrpas o'u dewis yn y Drovers' Arms, yn y Griffin, Cwm-owen ac yn Cross Keys, Merthyr Cynog.

Dyma'r math o farch y talwyd premiwm amdano o 1913 ymlaen.

Nid oedd sŵn argyfwng ychwaith ar 28 Rhagfyr pan geir adroddiad yn y *Brecon & Radnor Express* am gyfarfod cyhoeddus yn Aberhonddu 'i bawb oedd â diddordeb yn nhir comin Mynydd Epynt a Bwlch-y-groes a thiroedd ffiniol . . . Galwyd y cyfarfod mewn ymateb i'r newyddion fod yna bosibilrwydd yr amharid ar hawliau pori yn y dyfodol'. Ffurfiwyd pwyllgor cryf yn cynnwys William Williams YH, ysgrifennydd Brycheiniog a Maesyfed o'r NFU—un o ddisgynyddion teulu'r Pêrganiedydd a David Lewis CS, Crai—gŵr dylanwadol yn ei ddydd ym myd amaethyddiaeth, ac ef a ddewiswyd yn gadeirydd. Cafwyd areithiau gan W J Jackson AS, Mervyn T Davies, cadeirydd y 'War Ag' Brycheiniog a Maesyfed, a Roger Prosser, BSc (swyddog y 'War Ag'). Etholwyd pwyllgor o chwech ond nid oedd gan yr un ohonynt fferm ar yr Epynt! Penderfynwyd gwahodd Cymdeithas y Tirfeddianwyr i benodi tri chynrychiolydd i eistedd ar y pwyllgor. Mae'n anodd esbonio'r adroddiad yma'n llawn gan ei fod wedi ei alw i amddiffyn hawliau pori ar y mynydd. Gwyddom fod nifer o dirfeddianwyr cefnog â diadelloedd ar yr Epynt. Ai gwarchod eu buddiannau hwy a defnyddwyr eraill y tir comin oedd amcan ffurfio'r pwyllgor amddiffyn yma? Os felly, beth am y ffermydd oedd dan fygythiad? A oedd eu tynged hwy wedi ei phenderfynu, ac felly a oedd yn rhy ddiweddar i brotestio? Neu a oes yma awgrym eto nad oedd pobl wedi llwyr sylweddoli realiti'r bygythiad? Roedd y camau i sefydlu gwersyll ym Mhontsenni'n mynd rhagddynt a'r bwriad i feddiannu'r Epynt yn wybyddus. Anodd, felly, yw credu na fyddai William Williams o bawb yn ymwybodol o'r hyn oedd yn siŵr o ddigwydd i'r ffermydd.

Mewn cyfarfod o bwyllgor gwaith cangen Brycheiniog a Maesyfed o'r NFU ar 11 Ebrill 1940 mae Mervyn T Davies yn ateb cyhuddiad a gyhoeddwyd yn y *Brecon & Radnor Express* yr wythnos flaenorol fod Pwyllgor Sirol Amaethyddol y Rhyfel (y 'War Ag') yn gwybod am y bwriad i ddwyn y tir trwy orfodaeth yn llawer cynt na'r bobl yr effeithiwyd arnynt. Nid oedd hyn yn wir, meddai. Os byddent wedi cael gwybod, a fyddent wedi rhoi gorchmynion i fwrw ymlaen â'r aredig? Mae'r datganiad hwn eto'n adlewyrchu'r ansicrwydd a'r diffyg gwybodaeth bendant a barhaodd cyhyd.

Wedi dweud hynny, mae'n amlwg oddi wrth lythyr a ddanfonodd William Williams at W J Price o gwmni W J Price a'i Fab, arwerthwyr yn Aberhonddu, ar 22 Chwefror 1940 fod yna ymwybyddiaeth o'r hyn oedd i ddod. Brodor o'r Epynt oedd Mr Price ac fe'i claddwyd yng Nghefnarthen. Byddai gan y ddau ŵr yma ran bwysig yn y datblygiadau oedd ar fin ymddatod gyda chyflymder anhygoel. Mae'r llythyr yn cyfeirio at lythyr arall a ddanfonwyd at bedwar neu bump o bobl oedd yn mynd i golli eu tiroedd i roi lle i'r gwersyll ym Mhontsenni, ac yn eu gwahodd i gyfarfod yn yr Ystafell Ddarllen i drafod cydweithio er mwyn gwneud ceisiadau unol am iawndal teilwng. Mae'n siŵr fod W J Price yn bwriadu bod yno hefyd. Mae'n ddiamau fod y rhybuddion ynglŷn â meddiannu'r tir ar gyfer y gwersyll wedi eu danfon o flaen y rhybuddion i ffermwyr yr Epynt, ac erbyn hyn roedd milwyr wedi crynhoi yng nghyffiniau Llywel ac yn trigo mewn gwersylloedd anfoddhaol iawn yno dros dro.

O'r holl orchmynion meddiannu sy'n ymwneud â ffermydd yr Epynt, y cyntaf imi ddod ar ei draws ymhlith papurau W J Price a'i Fab, Aberhonddu yn Archifdy Powys, wedi ei ddyddio 4 Mawrth 1940, yw'r un a ddanfonwyd at George Hefin Evans, Gilfach-yr-haidd.

Ac ar y ddalen hon ceir copi o'r ffurflen y disgwylid i'r perchennog ei harwyddo.

Sylwer mai 57 o ddyddiau'n unig a ganiatawyd i'r ffermwyr werthu eu heiddo, dod o hyd i fferm arall a gwneud y trefniadau angenrheidiol. Ac roedd hon yn adeg hollol amhriodol i symud a newid fferm gan ei bod ar drothwy'r cyfnod wyna. Dylid cofio hefyd nad oedd teithio o rai o'r ffermydd yn rhwydd; ac yn siŵr, pan ddaeth yr amser i orfod symud cafwyd peth anhawster i drefnu cludiant priodol i nifer o'r ymfudwyr. Gyda dosbarthu'r gorchmynion daeth mwy o fin i'r argyfwng, a phenderfynwyd uno mewn protest a datgan parodrwydd i aros a gwrthod symud—roedd yr amser wedi cyrraedd i 'sefyll yn y bwlch'. Cefnogwyd a hybwyd y teimlad hwn gan unigolion a mudiadau o'r tu allan i gylch yr Epynt.

Roedd yn amlwg fod cydymdeimlad wedi ei ennyn yng nghalonnau llawer gan wasgfa'r ffermwyr. Cysylltodd Mr Williams, ysgrifennydd yr NFU, â nifer o asiantau i roi gwybod am yr argyfwng, ac yn wyneb y beirniadu a fu arno'n ddiweddarach, ni ellid ei feio'n ormodol fel swyddog undeb y ffermwyr am symud ar fyrder i weithredu er lles ei aelodau a'r ffermwyr i gyd. Wedi'r cyfan, roedd yr amser yn brin a'r ansicrwydd yn difa ysbryd y ffermwyr a'r bugeiliaid, ac roedd teuluoedd gan bob un ond chwech ohonynt i ofalu amdanynt. Ac fe gafwyd ymateb buan. Ar 7 Mawrth, er enghraifft, roedd H M Spiers, The Green Farm, Norton, ger Caerloyw, yn danfon at Mr Williams i gydymdeimlo'n ddwys â chyflwr y ffermwyr ac i gynnig gwaith parhaol gyda'r ceffylau a'r tractor. Gydag eironi nad oedd yn ymwybodol ohono, mae'n dweud, 'Ar hyn o bryd mae'r bwthyn (ar gyfer y gweithiwr a'i deulu) ym meddiant gwraig i filwr ac mae'r NFU wedi addo dod i'r afael â'r mater er mwyn i mi gael y bwthyn yn ei ôl yn fuan.' Cafwyd ymateb cynnar cyffelyb o Evesham, Kidderminster a Chaerfyrddin.

Tra oedd y trigolion yn dechrau ymholi am ffermydd neu am dŷ a gwaith ac yn ansicr iawn beth i'w wneud ar eu tiroedd am yr wyth wythnos oedd yn weddill, roedd yna ymdeimlad yn cynyddu ymhlith y rhai a fygythid, ac ymhlith eraill o'r tu allan i gylch yr Epynt, y dylid gwrthwynebu pob ymgais gan yr awdurdodau milwrol i'w difeddiannu. Wrth geisio olrhain hanes y brotest, ofer yw edrych i'r cyfeiriad amlwg am arweiniad gan nad yw'r papur lleol, y *Brecon & Radnor Express,* yn barod i gydnabod fod yna argyfwng yn ei ddalgylch. Mae'n wir ei fod yn adrodd peth o hanes y cyfarfodydd a'r pwyllgorau protest, ond nid yw ei golofn olygyddol yn cyffwrdd â'r bygythiad. Mae bron yn anhygoel fod cymdeithas fynyddig, a oedd yn dal cysylltiadau masnachol â thref Aberhonddu ac ar fin cael ei darnio, yn cael ei hanwybyddu gan y papur. Fel y gellid dychmygu, roedd y *Western Mail*, yn un o'i gyfnodau mwyaf jingoistaidd a gwrth-Gymreig, yn ddilornus o unrhyw brotest. Ond y syndod a'r siom rhyfeddaf yw fod *Y Cymro* yn ystod y cyfnod dan sylw'n bodloni ar gynnwys ambell adroddiad, ond heb godi llais mewn protest.

Beth felly yw hanes y brotest a ddatblygodd? Mewn llythyr ataf dywed Dr Gwynfor Evans mai Pwyllgor Diogelu Diwylliant Cymru a arweiniodd y gwrthwynebiad (ar ei awgrym ef, newidiwyd ei enw'n ddiweddarach i Undeb Cymru Fydd), a bod Plaid Genedlaethol Cymru (fel y gelwid Plaid Cymru yr adeg honno) wedi gwneud yr hyn a allai i helpu. 'Er enghraifft,' meddai, 'ymwelodd J E Jones, ei hysgrifennydd, â phob ffarm a fygythid, a chael y teuluoedd yn gyffredinol yn gadarn yn eu gwrthwynebiad.' Yn sicr, mae'r dystiolaeth yn gadarn ac wedi para hyd heddiw fod y gwŷr a'r gwragedd oedd dan fygythiad yn ddiolchgar am y gefnogaeth a estynnwyd iddynt.

Yn y gyfrol hunangofiannol, *Bywyd Cymro*, ceir eglurhad pellach gan Gwynfor Evans am ffurfiant y Pwyllgor Amddiffyn:

> 'Pwyllgor Diogelu Diwylliant Cymru' oedd enw lletchwith y mudiad cenedlaethol pwysicaf i weithio dros Gymru yn ystod y rhyfel. Fe'i symbylwyd gan lythyr a anfonwyd i'r *Manchester Guardian* gan Saunders Lewis a J. E. Daniel yn apelio am sefydlu mudiad cenedlaethol amhleidiol a amddiffynnai'r Cymry mewn ffordd na allai'r Blaid Genedlaethol ei wneud yn amgylchiadau anrheithiol y rhyfel—mewnfudiad noddedigion; trosglwyddo gweithwyr, yn ferched yn fwy na gwŷr, i weithio yn niwydiannau canolbarth Lloegr; gorfodaeth filwrol ac ati. Casglodd y mudiad, a fedyddiwyd yn Undeb Cymru Fydd ar f'awgrym i, wedi'r rhyfel, rai o'n pobl flaenaf ynghyd i'r cyngor canol a gyfarfyddai yn Aberystwyth . . . Gellir priodoli effeithiolrwydd y mudiad i T. I. Ellis, ei ysgrifennydd tra effeithiol a chwbl ymroddgar, a gyflawnai'r gwaith fel llafur cariad.

Ychwanega Dr Evans mai 'Ar yr Epynt y daeth J. E. (sef ysgrifennydd y Blaid Genedlaethol ar y pryd) a minnau yn gyfeillion mawr. Daethom yn agos at lwyddo i gadw Epynt rhag cael ei anrheithio, ond yr union ddiwrnod y gwnaeth y llywodraeth ei phenderfyniad terfynol oedd y diwrnod a ddewiswyd gan Hitler i oresgyn Norwy.'

Nid yw'n rhwydd bob amser i ddarganfod union drefn yr hyn a ddigwyddodd, ond mae'n ymddangos mai'r llais a godwyd gyntaf yn rhybudd i'r genedl oedd un Saunders Lewis yn ei golofn 'Cwrs y Byd' yn *Y Faner*, 13 Mawrth 1940. Cyhoeddir rhan ohoni am ei bod yn gosod y safbwynt cenedlaethol yn finiog o glir.

Ysgrif ddeifiol, ddychanol ydyw, lle mae'n cymharu trais yr Almaen tuag at Wlad Pwyl a Bohemia a Morafia â thrais llywodraeth ddienw yn erbyn gwlad fach ddiymgeledd arall:

> Cawsom enghraifft arall o'r unrhyw ysbryd mewn llywodraeth yr wythnos hon. Y mae'r llywodraeth y soniwyd amdani'n awr yn gydradd â'r Almaen mewn nerth a chyfoeth. Y mae hi'n un o'r ymerodraethau mwyaf a chyfoethocaf a welodd y byd erioed. Dan ei llywodraeth hi y mae gwlad fechan sy ganddi ei hanes ei hun, ei hiaith ei hun, ei llenyddiaeth a'i sefydliadau cenedlaethol a'i phriod fywyd.
>
> Yng nghanolbarth y wlad fechan hon sy dan sylw'n awr fe arhosai un rhan fynyddig a safodd hyd heddiw heb ymyrraeth â hi, yn wlad o fugeiliaid a ffermwyr tawel, yn siarad iaith hynafol y wlad, yn byw ar dreftadaeth eu tadau, a chanddynt yn feddiant iddynt ddarn o fynydd-dir mor gyfoethog ei borfa, ac mor llawn posibiliadau datblygiad amaethyddol ag unrhyw ran o'r deyrnas y perthyn y genedl hon iddi. Tir coch da, y gellid ei droi a'i roi i godi ydau, comin hefyd a fu'n etifeddiaeth gyffredin tri chant o ffermydd amgylchynol ers canrifoedd . . . Mae yno fywyd gwledig diwylliedig a chyfoethog; cymdeithas yn byw yn

ffyrdd eu tadau ac yn magu meibion o wladwyr a bugeiliaid cryfion ac iach; ffermydd ar lethrau'r mynydd sydd ymhlith y cartrefi hyfrytaf a greodd y wlad fechan a distadl hon, a bywyd gwledig yn ffynnu mewn iechyd ac yn gwasanaethu'r cenedlaethau gan gadw y mynydd-dir yn ir ac yn gyfoethog i'r dyfodol.

Dyfod yr Ormes
I ganol y gymdeithas hon fis yn ôl daeth awdurdodau yr ymerodraeth fawr; archwiliodd y wlad, galwodd arweinwyr y brodorion atynt, dywedodd wrthynt fod yn rhaid i'r llywodraeth wrth y cwbl o'r mynydd-dir hwn i'w droi'n ddiffeithwch (dyna air y swyddog ei hunan) ar gyfer amcanion y llywodraeth ... Rhoir iddynt tan ddiwedd Ebrill i glirio allan. Yn y byr amser hwnnw rhaid iddynt werthu eu holl eiddo, rhaid iddynt daflu ar y farchnad dros ddeugain mil o ddefaid benyw, a hynny ar adeg o'r flwyddyn pan nad oes marchnad o gwbl i ddefaid mynydd; rhaid iddynt fynd i'r fan a fynnont, nid oes a wnelo'r awdurdodau dieithr ddim oll â hynny ond rhaid i'r cynllun fod yn sefydlog, ac yn barod i'w wthio ar y cwbl o'r wlad wareiddiedig a ffrwythlon hon cyn pen deufis beth bynnag a fyddo tynged y teuluoedd a deflir allan o hen gartrefi eu hynafiaid, cartrefi a fu'n eiddo i amryw o'r teuluoedd hen ers pum cant o flynyddoedd. Rhoddir iawndal iddynt, bid sicr. Ond y Trysorlys sydd i bennu'r tâl, ac i brisio gwerth y golled, ac ni cheir dadlau â hwynt. Ni chaniateir gwrthod eu telerau. Ac atolwg, a oes tâl am golli cartref a hendref? Ni chaniateir estyniad o'r amser a roddwyd iddynt i chwilio am gartrefi newyddion, ac ni roddir un sicrwydd iddynt y telir eu hiawndal cyn iddynt symud.

Dinistrio Gwareiddiad
Fe genfydd y darllenydd fod y driniaeth haearnaidd hon yn dinistrio nid yn unig fywyd teuluol dros gant o aelwydydd, yn tlodi tadau a meibion, yn eu diwreiddio a'u gyrru o'u bro ac o'u cynefin i chwilio am loches pa le bynnag y mynnont; yn dwyn arnynt nid yn unig bryderon fil a gofidiau, ond yn eu rhwygo oddi wrth bob dim a fu'n annwyl erioed ganddynt, oddi wrth gaeau a ffriddoedd a fu'n rhan o hanes eu hynafiaid, yn rhan o'u bywyd hwy eu hunain; yn eu chwalu a'u rheibio oddi wrth feddrodau eu teuluoedd a cherrig eu haelwydydd lle y magwyd hwynt a'r lle y magasant hwythau eu plant. Mwy na hynny; y mae'n dinistrio cymdeithas gyfan, yn diffeithio gwareiddiad, ie, ac yn ysbeilio'r genedl fechan sy dan sylw o'i phriod ddaear lle mae ei hiaith yn hoyw a'i dull o fyw gwledig a chartrefol yn ddifwlch ers mil o flynyddoedd. Y mae'n un o weithrediadau mwyaf ysgeler y rhyfel presennol yn Ewrop. Yr un peth yw hyn ag a wnaeth yr Almaen yn y Tirol ac a wneir yn awr ym Mhwyl. Ond nid am y Tirol nac ym Mhwyl nac am Fohemia yr ydym yn sôn yn awr. Y wlad sy dan sylw yw CYMRU. Llywodraeth Lloegr yw'r awdurdod a ddisgrifir. Am Sir Frycheiniog yr ydym yn llefaru. A'r hyn a wneir yno heddiw yw'r hyn a adroddwyd uchod.

'Rhaid Sefyll Rywbryd'
Nid oes gan lywodraeth estron hawl, nid oes gan Loegr fwy o hawl na'r Almaen, i ddinistrio cenedl fechan. Nid oes gan unrhyw lywodraeth gennad foesol i ddinistrio cenedl lai er mwyn diogelu ei bywyd ei hun. Y mae y peth yn gweiddi i'r nefoedd am gael ei atal. Daeth yr adeg i Gymru os myn hi fyw o gwbl, sefyll. Rhaid iddi sefyll yn awr. Yn wir, rhaid i Gymru fyw. Ond ni eill hi fyw mwyach oni byddo hi'n barod i amddiffyn ei bywyd a sicrhau ei hawliau. Safed ein ffermwyr ni. Hwy piau eu cartrefi ... Nid oes gan ddyn ddim sy'n fwy cysygredig na hen aelwyd ei dadau. Oni saif dyn i amddiffyn hynny? Ac oni saif y genedl?

O dan y watwareg, cawn yma ddatganiad grymus o'r safbwynt cenedlaethol. Rhaid cofio, fodd bynnag, mai mudiad cymharol fach gyda llawer o elynion oedd y mudiad cenedlaethol ar y pryd. Dylid nodi hefyd nad oedd Saunders Lewis yn heddychwr fel nifer o arweinwyr ac aelodau'r Blaid Genedlaethol yr adeg honno. Mae'n amheus a fyddai yna barodrwydd i 'sefyll' yn llythrennol gyda'r ffermwyr a wynebu goblygiadau hynny. Mesur o fethiant y mudiad cenedlaethol oedd i'r Epynt gael ei ddilyn gan Dryweryn. Mesur o lwyddiant y mudiad cenedlaethol yw na feiddiai unrhyw lywodraeth bellach ddwyn tir Cymru mewn ffyrdd mor drahaus.

Bu Saunders Lewis nid yn unig yn ysgrifennu am y bygythiad a wynebai'r Epynt a'i bobl ond bu hefyd yn annerch un o leiaf o'r cyfarfodydd protest a drefnwyd yn y pentrefi o amgylch y mynydd. Aeth ati hefyd i gynnig cyfarwyddyd ynglŷn â'r ffordd orau i wrthwynebu. Dan arweiniad Pwyllgor Diogelu Diwylliant Cymru y byddai'r Blaid yn ymgyrchu. Dyna'r esboniad ar y paragraff cyntaf o'i lythyr at J E Jones, ysgrifennydd y Blaid, ar 29 Mawrth:

> Annwyl J.E.
>
> Doe brynhawn y cyfarfu Is-Bwyllgor y Pwyllgor Diogelu Diwylliant i benderfynu ar gynlluniau cyfarfodydd ym Mynydd Epynt, fel na allwn ddanfon atoch yn gynt. Bydd y cyfarfod cyntaf yn Llanddulas nos Fawrth nesaf, a'r ail yn Llanwrtyd nos Fercher, y Parch Wyre Lewis a Tom Ellis yn annerch. Y mae trefniadau'r cyfarfodydd eraill i'w gwneud gan Gwynfor Evans gyda chyfarwyddyd Dafydd Jenkins. Fy marn i gan hynny yw mai mynd ddydd Llun a chyfarfod ag ef, sef Gwynfor Evans, fyddai orau i chwithau i gychwyn, ac felly ei helpu ef drwy ymweld â'r ffermydd a cheisio eu cael i gytuno i wrthod gwerthu na symud beth bynnag fo'r canlyniadau. Gellir pwysleisio fod yr aelodau seneddol a'r holl gyrff Cymreig yn sicr o'u cefnogi os gwnânt hynny.
>
> Amgaeaf femorandwm a ysgrifennais i helpu'r siaradwyr i baratoi eu hanerchiadau. Pe gallech ddyblygu'r rhain a'u rhannu ymhlith y ffermwyr a welwch neu eu defnyddio i helpu gweithwyr, byddai hynny'n fuddiol. Y peth pwysig yw gofalu na adewir y ffermwyr eu hunain y dyddiau hyn. Os gwelant fod rhai yn symud yn eu plith i drefnu gwrthwynebiad a phrotestiadau, yna geill hynny droi'r fantol o blaid gwrthwynebu. O'r ochr arall, os gwelant eu bod eu hunain, ac ar drugaredd swyddogion Undeb y Ffermwyr a rhai ofnus fel hwynt, buan iawn y tyr eu calonnau. Bod yno yn ganolbwynt gwrthwynebiad yw'r peth pwysig am wythnos. Gall Gwynfor Evans roi cyfeiriadau rhai o'r mwyaf calonnog ichwi. Y gŵr a ysgrifennodd ataf fi yw Mr David Lewis, Cefn Bryn Isaf, Pentrebach, Pont Senni. Amgaeaf ei lythyr fel y bo'n help i chwi farnu ei ysbryd. Ni chlywais ganddo eilwaith, mae'n ddrwg gennyf ddweud, er imi gynnig dyfod i lawr i'w gyfarfod ef ac eraill. Un arall sy'n cynnig rhoddi help llaw os gelwir arno yw Walter Dowding, Brynmawr.
>
> Cofion gorau,
Saunders Lewis

Cyfeiria'r llythyr at un a dderbyniodd Saunders Lewis oddi wrth David Lewis, Cefnbryn-isaf. Dyma gopi ohono. Ei ddyddiad yw 18 Mawrth:

> F'annwyl Syr,
>
> Deallaf eich bod yn cymryd diddordeb ynglŷn â'n hanffawd fel ffermwyr yn yr ardal hon a theimlaf yn dra ddiolchgar i chwi am hynny. Cawsom notis i ymadael â'n cartrefi erbyn diwedd Mai nesaf, yr hyn sy'n achosi cryn lawer o bryder i ni gan fod y Llywodraeth am y tir i ryw bwrpas ynglŷn â'r rhyfel. Myfi pia'r fferm hon, a theimlaf felly bod y Llywodraeth yn delio yn annheg iawn â mi. Hefyd y maent am y Capel (Babell M.C.). Deallaf fod y Bedyddwyr wedi llwyddo i gadw eu capel hwy er iddynt hwythau gael notis i ymadael. Pe gallasem gadw y Babell credaf y gallasem hefyd gadw ein fferm a thair o ffermydd eraill yn ogystal, yn herwydd ein safle daearyddol.
>
> Y mae'r mater yn ddieithr iawn i ni a byddaf yn ddiolchgar iawn am unrhyw arweiniad a goleuni arno . . .

Collwyd gweddill y llythyr ond dengys gwrteisi cynhenid y ffermwyr a'r argyhoeddiad fod cam dybryd yn cael ei wneud â nhw. Rwy'n cymryd mai cyfeirio at eglwys y Bedyddwyr, Sardis, Llanfihangel Nant Brân, a wna Mr Lewis—capel sy'n ffinio'n agos â'r raens.

Yn y papur lleol, y *Brecon & Radnor Express*, ceir adroddiad yn rhifyn 14 Mawrth am gyfarfod lluosog a chynrychioliadol o ffermwyr ac eraill yn ymwneud ag amaethyddiaeth yn Aberhonddu ddydd Sadwrn yr wythnos flaenorol. Fe'i galwyd:

> . . . i drafod penderfyniad y llywodraeth i ddwyn trwy orfodaeth rai tiroedd comin yn y sir. Byddai hyn yn effeithio'n ddrwg ar nifer fawr o ffermwyr defaid mynydd a fyddai'n gorfod ymadael â'u daliadau, meddid.
>
> Y cadeirydd oedd Mr J. L. Davies (Ysgirfechan) ac ymhlith y rhai oedd yn bresennol roedd Syr Charles Venables-Llewellyn (Arglwydd Raglaw Sir Faesyfed) a'r foneddiges Venables-Llewellyn, Major yr Anrh. Wm Bailey, y Cyrnol Syr John Lloyd (Cadeirydd Cyngor Sir Brycheiniog), Mr W. F. Jackson (AS), y Capt H. H. Christy, y Capt P. J. Murray, Mr Mervyn Davies (Cadeirydd Pwyllgor gwaith y 'War Ag', Brycheiniog), Mr David Lewis, CS (Crai), Mr E Llewellyn Jones (Llanfair-ym-Muallt) a Mr William Williams (Bryncelyn, Pontsenni) etc.
>
> Adroddodd Mr W. F. Jackson (AS) am ei gyfweliadau a'i drafodaethau â phenaethiaid adrannau'r llywodraeth am y mater.
>
> Trafododd Mr Mervyn T. Davies sefyllfa'r ffermwyr cyn belled ag oedd gorchmynion aredig yn bod. [Cyfeiriad yw hyn at alwad y llywodraeth i gynhyrchu mwy o fwyd trwy osod ar bob fferm orchymyn i aredig nifer penodol o aceri. Roedd cryn amwysedd ynglŷn â chyfrifoldeb amaethwyr yr Epynt tan y funud olaf.]
>
> Sylwodd Mr Moses Griffiths, MSc, Coleg Prifysgol Cymru, Aberystwyth ar y golled i amaethyddiaeth Cymru wrth i'r llywodraeth feddiannu'r tir. Byddai hyn yn effeithio ar tua thrigain mil o ddefaid a byddai'n rhaid i tua hanner cant o ffermwyr adael y tir comin—eu hawlfraint er cyn cof.
>
> Siaradodd Mr Ellis [mab y diweddar Mr Tom Ellis, AS] ar ran y Pwyllgor Amddiffyn Diwylliant Cymraeg. Fe fyddai'r Pwyllgor, meddai, yn cynorthwyo'r ffermwyr ym mhob rhyw ffordd ac roedd eisoes wedi danfon telegram at y Prif Weinidog yn gofyn iddo dderbyn dirprwyaeth. Ar ôl trafodaeth bellach, penderfynwyd danfon dirprwyaeth i alw ar y Prif Weinidog, ac os na fyddai ef yn medru eu derbyn, penderfynwyd gofyn i'r Weinyddiaeth Amaeth i'w derbyn. Apwyntiwyd yr aelodau o'r ddirprwyaeth yn y cyfarfod fel a ganlyn: Mr J. L. Davies, Mr W. J. Price (arwerthwr), Mr J. R. Jones (Cefn-llan), Mr Gwyn Jones (Pentre) a Mr William Williams (Ysgrifennydd mygedol). Diolchwyd i Mr William Williams am ei waith ynglŷn â'r mater ac i Mr J. Davies am lywyddu.

Rhwng y dydd Sadwrn a 14 Mawrth (dydd Mercher) bu datblygiad pellach. Yn ôl y *Brecon & Radnor Express* roedd gohebydd Llundain y *Western Mail* wedi datgan 'fod ymholiadau yn cael eu gwneud gyda'r Weinyddiaeth Amaeth er mwyn lliniaru'r caledi a allasai godi o ganlyniad i feddiannu rhai tiroedd cyffredin ym Mrycheiniog i bwrpas amddiffyn'. Â'r gohebydd rhagddo:

> Cafodd y Weinyddiaeth ei hysbysu o gyfarfod lluosog yn Aberhonddu ddydd Sadwrn a benderfynodd fod dirprwyaeth i fynd i weld y Prif Weinidog neu'r Gweiniodog Amaeth . . . Fe ddywedwyd yn Whitehall ddydd Mawrth fod y Weinyddiaeth Amaeth yn amheus a fyddai iddi ymyrryd i sicrhau diddymu'r gorchymyn meddiant ar dir amaethyddol oherwydd, ar wahân i bori defaid, ystyrid y tir yn fwy gwerthfawr i bwrpasau uwch amddiffyn nag i gynhyrchu bwyd. Dywed fod y Weinyddiaeth yn bwriadu canolbwyntio ar ddosbarthu'r 60,000 o ddefaid, ac y byddai'n rhaid dod o hyd i borfeydd newydd ar eu cyfer. Roedd ffermwyr lleol, tua 50 ohonynt, yr effeithir arnynt, yn ofni y bydd yn rhaid

iddynt werthu'r defaid am brisiau aneconomaidd. Roedd ymgynghoriadau yn digwydd rhwng y Weinyddiaeth, y Swyddfa Ryfel a Phwyllgor Amaeth y Sir er mwyn sicrhau triniaeth deg i'r ffermwyr. [Yna fe ychwanegir:] Cawsom ein hysbysu gan Mr William Williams, yr ysgrifennydd, mewn perthynas â'r cwestiwn o feddiannu tir comin arbennig ym Mrycheiniog gan y Llywodraeth, fod ymestyniad o'r amser ymadael wedi ei roi i'r ffermwyr o Ebrill 30 tan Fehefin 1.

Dyma'r cyfeiriad cyntaf at newid y dyddiad ymadael ac mae'n amlwg mai o ganlyniad i'r symudiadau o brotest y bu hyn.

Roedd eraill hefyd yn effro i'r bygythiadau. Mae'r Parch J Dyfnallt Owen, er enghraifft, yn *Y Tyst*, 14 Mawrth yn ymateb fel hyn:

Y mae'r Swyddfa Ryfel ar fin cymryd meddiant o un o'r parthau mwyaf rhamantus yng Nghymru—Mynydd Epynt. Eithr nid rhamant y lle yw'r mater y funud hon, ond difodi darn aruthrol o ddaear Cymru. Yr amcan yw troi'r lle yn diriogaeth filwrol. Golyga hyn ddileu 70 o ddaliadau tir a digartrefu 280 o'r trigolion sydd wedi eu geni a'u magu a'u disgyblu i hwsmona ar dir o'r fath.

Nid oes gwell amaethwyr a defeidwyr yng Nghymru na'r Cymry sy'n trigiannu ar lethrau a godrau Epynt. Y mae ganddynt hawl ar y mynydd i'w defaid a'u merlod bori yno, ac wrth ddifreinio'r amaethwyr a'r defeidwyr, fe gollir hawlfraint oesoedd i'r bobl.

Meddylier am wrthuni'r anfadwaith dim ond o safbwynt economaidd. Brygawthir ar un llaw gan y Llywodraeth am drin tir, am godi anifeiliaid, neu fagu defaid, ac ar yr un anadl, wele ysbeilio darn o wlad sy'n gynhyrchfa'r angenrheidiau hyn. Heb sôn am y colledion mewn tir amaeth a thir defaid, beth fydd tynged y degau miloedd o ddefaid gorau Cymru a drig ar y comin, ac y bydd yn rhaid eu gwaredu am golled fawr? Troi darn mawr o dir sydd yn ffynhonnell fwyd i dyrfa o'n cyd-genedl yn ddiffeithwch, a hynny pan yw'r gweiddi am drin tir a magu stoc yn uchaf ei gloch.

Golyga'r ysbeilio ddiwreiddio corff o'n cenedl sydd wedi tyfu yma o oes i oes. Alltudir hwy o'u bro. Damwain a hap fydd eu tynged. Sychir hen ffynhonnau traddodiad a diwylliant bro. Nid arbedir dim gan y difrod . . . Ni chlywir un o emynau Pantycelyn yn yr awyr mwyach. Iaith wahanol iawn ei theithi fydd ar dafodau'r magnelwyr.

Y mae'n amlwg fod un amcan mawr wrth wraidd anrhaith ar ôl anrhaith ar ein hetifeddiaeth, *a hynny'n ddim llai nag ymgais i'n digenedlaetholi*. Yr ydym wyneb yn wyneb â gallu yn y pen draw fydd yn llindagu personoliaeth, enaid a chrefydd ein cenedl.

Yn y rhifyn canlynol ar 21 Mawrth, dan y pennawd 'Ysbeilio Mynydd Epynt', cawn feirniadu ar ddihidrwydd y wasg Saesneg:

Fel y gellid disgwyl, ni roes y papurau Saesneg yn Lloegr a Chymru un dim o sylw i'r mater difrifol hwn: y maent yn hollol wasaidd o dan fawd yr awdurdodau. Ble mae'r *Western Mail* sy'n galw ei hun yn bapur cenedlaethol Cymru? Cafwyd cyfarfod mawr yn Aberhonddu i wrthdystio yn erbyn y rheibio a'r ysbeilio. Dibynna llawer yn awr ar asgwrn cefn y ffermwyr a'r defeidwyr a ysbeilir. Nid yw eu dadwreiddio o ddaear eu cartref, a'u gyrru ar wasgar yn un pang i ymysgaroedd haearn y Swyddfa Ryfel, ac y mae Propaganda a distawrwydd y Wasg yn chwarae'n berffaith i ddwylo'r Philistiaid.

Ar 11 Ebrill mae Dyfnallt yn talu teyrnged i'r Pwyllgor Ymgynghori Cenedlaethol (yr hyn a olyga, mae'n siŵr, yw Pwyllgor Amddiffyn Diwylliant Cymru). Mae'n werth nodi enwau rhai o aelodau'r pwyllgor. Ei gadeirydd oedd yr Athro W J Gruffydd; y trysorydd oedd D R Hughes; yr ysgrifennydd T I Ellis. Roedd Saunders Lewis, y Parch Ddr E K Jones a'r Parch D Francis Roberts yn aelodau o'r pwyllgor gwaith.

Dywed Dyfnallt ymhellach fod safle cenedlaethol y pwyllgor wedi ei gydnabod gan y Prif Weinidog: 'Llwyddodd y Pwyllgor i gael rhai o Aelodau Seneddol o Gymru i ymuno â nhw i ymweld â'r Llywodraeth ar ran trigolion Epynt. Symudodd y Pwyllgor ar unwaith i gynnal cyfarfodydd cyhoeddus yn ardaloedd Epynt, a chlywir eu llef ar faterion eraill yn y man.' Apeliodd am undeb yn yr ymgyrchu, ac na fyddai i unrhyw fudiad ar ei ben ei hun ei ystyried ei hun yn anffaeledig.

Ymhen wythnos arall roedd yn ysgrifennu iddo fod yn ymweld â dau o'r cymoedd a fygythid. Meddai:

> Trist iawn yw ysbryd plant y fro wrth feddwl bod yn rhaid iddynt ymado â'u hen gartrefi. Os caiff y Swyddfa Ryfel ei hewyllys, hyrddir hen wŷr a gwragedd dros y drws yn ddiseremoni erbyn diwedd Mai. Gwelsom ddagrau'n llifo dros ruddiau graenus, iach, ffermwyr llethrau'r mynydd pan soniem wrthynt am eu camwri annuwiol. Ymddiddanem ag amryw a oedd o hiliogaeth amaethwyr a theuluoedd oedd yn yr un ffermydd am dri a phedwar can mlynedd. Erys iaith bersain Sir Frycheiniog yn fiwsig ar eu gwefusau. Eithr rhwng yr ofn sydd yn eu calon am y dyfodol, llacrwydd arweiniadaeth ddewr a chlir, a'r brofedigaeth i daro bargen yn wyneb dur militariaeth, y mae perygl mawr i Gymru golli darn o ddaear sydd yn glawdd yn erbyn y llif Seisnig. Ond nid oes bapur Seisnig a gwyd ei lef o blaid yr achos. Y mae eu distawrwydd yn deilwng o weision bach y Swyddfa Ryfel.

Yn rhifyn 21 Mawrth o'r *Brecon & Radnor Express* fe geir adroddiad am y Blaid Seneddol Gymreig, dan gadeiryddiaeth Mr Clement Davies KC, yn penderfynu ymuno â dirprwyaeth i brotestio i'r Swyddfa Ryfel. Anerchodd aelodau o Bwyllgor Amddiffyn Diwylliant Cymru yr aelodau seneddol a chytunwyd bod ei bwyllgor gwaith, cynrychiolwyr y Blaid Seneddol Gymreig a ffermwyr Brycheiniog yn ffurfio dirprwyaeth unedig.

Ychwanegir yn yr adroddiad ei fod yn fwriad gan y llywodraeth nid yn unig i feddiannu ffermydd unigol ond hefyd:

> . . . i gymryd meddiant o'r tiroedd mynyddig lle mae gan ffermwyr defaid hawliau oesol. Dywedir yr effeithir ar 120 o ddaliadau. Byddai 79 yn cael eu meddiannu'n llwyr. O'r rhain ni fyddai gan 39 ddim hawl i bori o gwbl, ac o'r 40 sydd yn weddill byddai rhai yn cadw rhan o'u hawliau pori a'r gweddill yn cadw'r cyfan. Byddai'r ddirprwyaeth yn cyfarfod â swyddogion y llywodraeth yr wythnos ganlynol.

Sylwer fod yr adroddiad uchod yn defnyddio'r gair 'Dywedir' wrth gyfeirio at nifer y ffermwyr yr effeithir arnynt. Hyn eto'n awgrymu nad oedd sicrwydd pendant ynglŷn â bwriadau'r Swyddfa Ryfel. Os oedd amwysedd ac aneglurder ymhlith aelodau seneddol ac eraill, nid yw'n anodd dychmygu maint yr ansicrwydd hunllefus ymhlith perchenogion a thenantiaid y ffermydd.

Hysbysir ni gan y *Brecon & Radnor Express* 28 Mawrth fod y ddirprwyaeth wedi cael cyfle i gyfarfod yr Arglwydd Cobham, yr Is-ysgrifennydd Gwladol dros Ryfel. Treuliodd ef awr gyda'r ddirprwyaeth . . . ac ymadawodd aelodau'r ddirprwyaeth yn llawn hyder y byddai eu sylwadau yn cael pob ystyriaeth. Dywedodd James Griffiths AS, Llanelli, 'Rwy'n siŵr y bydd y posibiliadau o safleodd eraill yn cael eu harchwilio'n llawn cyn i'r awdurdodau ddod i benderfyniad pendant.'

Mae'n werth nodi enwau'r ddirprwyaeth. Fe'i harweiniwyd gan Clement Davies AS. Dau gynrychiolydd y Blaid Seneddol Gymreig oedd James Griffiths a W F Jackson. Yn cynrychioli'r Pwyllgor Amddiffyn Diwylliant roedd yr Athro David Hughes Parry, Prifysgol Llundain a Moses Griffith, Coleg y Brifysgol, Aberystwyth. O Frycheiniog ceir enwau Mervyn T Davies, cadeirydd y cyngor sir; W J Price, arwerthwr o Aberhonddu a Phontsenni; ac yn cynrychioli'r ffermwyr Lewis Davies, Gwynne Jones, J R Jones a William Williams (ysgrifennydd sirol yr NFU).

Mae'n debyg mai Moses Griffith a gyflwynodd y ddadl amaethyddol. Esboniwyd bod y brid o ddefaid ar yr Epynt yn rhagori ar unrhyw frîd arall yng Nghymru ac y medrai hynny gyfrannu at wella defaid yn gyffredinol. Yn ôl Syr George Stapleton, Aberystwyth (arbenigwr arloesol mewn gwella tiroedd ymylol a mynyddig ac ar sut orau i dyfu porfa briodol arnynt), roedd y tir yn un cymwys iawn i dderbyn ei driniaeth ef i gynyddu cynnyrch. 'Hyd yn oed ganrif yn ôl,' meddai, 'codid ŷd da yno.'

Dadleuwyd bod Cymru eisoes wedi gwneud ei chyfraniad i'r amddiffyn gwladol trwy aberthu lleiniau helaeth o dir amaethyddol da yng ngogledd a de Cymru. Colled anadferadwy i amaethyddiaeth Cymru fyddai colli'r ardal bwysig hon. Dangoswyd mai cymuned nodweddiadol Gymraeg ydoedd hon, yn arddangos diwylliant gwerin Cymru ar ei orau. Byddai dadwreiddio cymdeithas o'r fath yn ergyd i draddodiadau Cymru ac i fywyd Cymru.

Mynnodd Clement Davies AS, Maldwyn, fod y ddirprwyaeth yn ymwybodol o'r argyfwng cenedlaethol, ac os oedd angen y tir ar gyfer dibenion rhyfel, ac os nad oedd tiroedd eraill i'w cael i gwrdd â'r angen, byddent yn fwy na pharod i blygu'n ufudd. Mynnodd mai pobl deyrngar oedd y Cymry a phobl ddemocrataidd, yn barod felly i gynorthwyo yn amcanion y rhyfel. Os oedd lleoliad amgen ar gael, yna fe ddylai'r awdurdodau ystyried hynny gan fod y materion a godid yn yr achos hwn yn rhai lletach na'r lleol. Roedd dadwreiddio 80 o ffermwyr o'u cartrefi mewn unrhyw le'n drychineb. Roedd hyn yn arbennig o wir am ffermwyr Cymreig oedd wedi byw am genedlaethau ar y tir hwn. Adroddwyd ganddo'r dadleuon ynglŷn â cholli cynnyrch a gwthio'r ffermwyr i blith estroniaid; yna fe ddywed ei fod yn gobeithio am y rhesymau hyn, os medrai'r Swyddfa Ryfel ddod o hyd i safle arall i'w phwrpas a hynny heb amharu ar fywydau pobl fel yn yr achos hwn, byddai'r Llywodraeth yn cydio yn y fath gyfle.

Yr enwad a fu'n fwyaf effro i'r bygythiadau a anelid at yr Epynt a'i drigolion oedd y Methodistiaid Calfinaidd (Eglwys Bresbyteraidd Cymru, erbyn hyn), a hynny'n rhannol gan mai capel y Babell, oherwydd ei safle yng Nghwm Cilieni, a fyddai'n gorfod cau, er bod Sardis, capel y Bedyddwyr, Llanfihangel Nant Brân, yn ffinio'n agos â therfynau'r fyddin. Yng Nghymdeithasfa'r Deau ddydd Mercher, 3 Ebrill, yn Eglwys y Trinity, Abertawe, o fewn adroddiad pwyllgor y Gymdeithasfa dan y pennawd 'Brycheiniog' cawn y penderfyniad yn cael ei dderbyn a'i ddanfon at y Gweinidog Rhyfel:

> Fe ddywedir y bydd tua 1,500 o filwyr yn ardal Pontsenni ddiwedd mis Mai. Y mae yna dorf eisoes wrthi yn prysur baratoi y gwersylloedd ac y mae'r awdurdodau milwrol wedi meddiannu milltiroedd lawer o dir rhwng Pontsenni a Llanwrtyd, a thua thrigain o ffermwyr wedi eu gwysio i ymadael â'u ffermydd, yn y man pellaf ddiwedd mis Mai. Y maent, druain, mewn helynt blin. Y mae capel y Babell yn nhaith Beili-du, ynghyd â'r fynwent, wedi ei meddiannu, a'r gweinidog wedi derbyn hysbysiad i'r perwyl. Bu'r mater dan sylw yn ein Henaduriaeth ddydd Mercher diwethaf a gofynnwyd am gyfarwyddyd y Gymdeithasfa ynglŷn â'r mater. Deallwn wrth gwrs nad yw o un diben inni wrthwynebu, ond dywedir y gellir hawlio 'iawn' am yr ymddygiad hwn.
>
> W. Deri Morgan, Ysgrifennydd.

Hysbysodd yr ysgrifennydd i'r pwyllgor gyflwyno'r genadwri hon i bwyllgor bychan yn cynnwys y Parch John Roberts, MA, Mr J Barclay Jenkins, YH, ynghyd â swyddogion y Gymdeithasfa. Cadarnhawyd hyn.

Yna galwodd y llywydd ar y Parch John Roberts i gyflwyno'r penderfyniad y cytunwyd arno i'w anfon ar frys at y Gweinidog Rhyfel:

That the South Wales Association of the Presbyterian Church of Wales protests most emphatically to H M Government against the proposal of the War Department to take a large tract of Breconshire as an Artillery Training Ground.

It deplores the depopulation of such a vast area, the ruin of its ancient homes, the economic loss to an industrious people and the dispersal of a community which has dwelt there from time immemorial, the closing of its sanctuaries and the inevitable destruction of its distinctive culture which this proposal would bring about. It desires to call the attention of the Government to the serious plight to which the proposal together with recent developments is reducing the ancient Welsh nation. For fifteen years it has watched with dismay, the draining away of its best manhood from the industrial areas and with this devastating process it is likely to invade the very heart of its rural life.

The Association is second to none in its loyalty to King and Country and its desire to secure the noble aims for which our people have gone to war, but appeals to His Majesty's Government to find some other area to which these objections will not apply and not to take from us by a hurried decision taken in time of war a heritage which peace can never restore.

Derbyniwyd y penderfyniad gyda chymeradwyaeth a chytunwyd i'w anfon yn y ffurf o delegramau at y Gweinidog Rhyfel ar unwaith. Ymhellach, cytunwyd gofyn i aelodau'r Gymdeithasfa oedd yn bresennol o Lundain ymgynghori â'r Arglwyddi Davies a Clwyd, Mr D O Evans, AS, a Syr Wyn Wheldon i weled pa fesurau pellach i'w cymryd i ddwyn pob dylanwad dichonadwy ar y Llywodraeth i'w hatal yn eu bwriad ynglŷn â'r achos hwn.

Ar 17 Ebrill, cafodd y ddirprwyaeth ei derbyn gan yr Arglwydd Cobham. Rhoddwyd adroddiad o'r drafodaeth gan y Parch Eliseus Howells i'r Gymdeithasfa ym Mhontrhydfendigaid ar 19 Mehefin 1940:

Eglurodd y ddirprwyaeth gynnwys brys-neges a yrasai'r Gymdeithasfa o Abertawe at y Gweinidog Rhyfel, a phwysodd yn drwm ar ei Arglwyddiaeth i ail-ystyried y cynllun a wrthwynebid ganddi hi, a chennym ninnau ar ei rhan, ac atgoffwyd ef y parai'r cynllun hwn ynghyd â threfniadau eraill o eiddo'r Cyngor Rhyfel, a oedd yn ymwneud ag ardaloedd yng Nghymru, ddirfawr bryder i'r Gymdeithasfa, ac i ninnau, am ddyfodol crefydd yn y Dywysogaeth, a hyd yn oed am ddyfodol ein cenedl, fel cenedl.

Amlygodd ei Arglwyddiaeth bob cydymdeimlad â'r hyn a bwysleisiwyd gennym, ynghyd ag awydd am ddiogelu buddiannau crefydd ein pobl, a'n buddiannau eraill, megis y deisyfa'r Gymdeithasfa, ac addawodd roddi pob ystyriaeth i'w chenadwri, eithr hysbysai ni hefyd er ei siom, fod y cynllun a wrthwynebwyd ganddi wedi ei ystyried a'i fabwysiadu gan y Cyngor Rhyfel ers amser maith, ac eglurodd yn fanwl paham y detholasid ardaloedd ym Mrycheiniog i bwrpas y Cyngor yn hytrach nag ardaloedd eraill oedd hefyd yn gymharol denau eu poblogaeth. Hysbysai ni ymhellach fod cynllun y Cyngor yn wybyddus ym Mrycheiniog ers cryn amser, a theimlai eich dirprwyaeth yn dra siomedig na buasai Henaduriaeth Brycheiniog wedi dwyn yr achos hwn i'r Gymdeithasfa yn gynt.

Mewn ymateb i'r cyhuddiad yn erbyn Henaduriaeth Brycheiniog yn yr adroddiad, mynnodd y Parch William Jones (gweinidog y Babell) a'r Parch Stephen George na wyddai'r Henaduriaeth am y cynllun hwn ond ychydig amser cyn Cymdeithasfa'r Gwanwyn. Ystyr hyn, mae'n debyg, yw na wyddent am yr orfodaeth swyddogol, *ffurfiol* (yn gosod dyddiad ymadael) tan ddechrau Mawrth. Ar y llaw arall fe wyddent am yr ymweliadau ym mis Medi 1939 ond bod yr Henaduriaeth, fel y ffermwyr a'r bugeiliaid, yn gwan-obeithio na wireddid y bygythiad cychwynnol. Mae'n anodd esbonio, mewn unrhyw ffordd arall, y tawedogrwydd ar bob tu o fis Medi tan ganol Mawrth.

Ond mae yn yr adroddiad fater arall o gryn bwys. Fe sylwodd y Parch Ganon J Jones-

Davies wrth adolygu llyfr Ronald Davies mewn erthygl yn y *Brecon & Radnor Express* 'fod cynlluniau ar droed i feddiannu'r mynydd yn mynd yn ôl i ddechrau'r ganrif'. Roedd ef ar delerau da ag uwch-swyddogion y fyddin ym Mhontsenni ac efallai iddo glywed hynny ar sgwrs. Mae sylw Cobham fod y cynllun a wrthwynebid (gan y Gymdeithasfa) wedi ei ystyried a'i fabwysiadu gan y Cyngor Rhyfel 'ers amser maith', os yw'r adroddiad yn gywir, yn cadarnhau fod yr Epynt wedi ei lygadu ers peth amser o leiaf. A chofiwn fod y ddirprwyaeth wedi ei derbyn ar 17 Ebrill. Nid mater bach yw hyn gan ei fod yn cadarnhau bwriadau llechwraidd a dirgel y llywodraeth. Mae hefyd yn ategu amheuon Saunders Lewis yn ei ddatganiadau ef ar y pwnc. Cadarnhawyd yr amheuon hyn gan Major H T McCormack a fu'n swyddog ar y raens, ac awdur y cofnod cyntaf am ddyfodiad y fyddin yn ei lyfryn *The Haunt of the Horse* (1966). Ei union eiriau yw: 'The first reconnaissance of the range, and ear marking of Epynt as a likely training area, was done in 1912.' Cadarnhaodd Major McCormack hyn mewn sgwrs ar y ffôn fis Mawrth, 1996.

Un o'r rhesymau dros feddiannu'r tir, yn ôl dadleuon y llywodraeth, oedd ei bod yn argyfwng ar y deyrnas a bod hyfforddi milwyr magnelau'n galw am weithredu ar frys, a chael man hyfforddi cymwys ar eu cyfer felly'n gofyn am symud ar fyrder i gael tir priodol. Ceisiwyd chwarae ar deimladau'r ffermwyr trwy sôn am anghenion y wladwriaeth, am ddifrifoldeb y sefyllfa ac am drueni gwledydd bach Ewrop. Ond fe roir gwedd wahanol ar bethau os oedd y llywodraeth eisoes wedi dewis, flynyddoedd ynghynt, gael gwared â thrigolion yr Epynt mewn argyfwng a meddiannu'r mynydd. Un ddadl dros ddewis yr Epynt oedd ei fod, oherwydd natur feddal a mawnoglyd ei wyneb, yn fwy diogel ar gyfer ymarfer magnelau. Ni fyddai'r ergydion yn debyg o fwrw yn erbyn creigiau celyd a darnio'n beryglus i bob cyfeiriad. Dywedodd un o swyddogion y fyddin wrthyf fod dadlau ymhlith y militari pan ddaeth yn fater o ddewis rhwng cau gwersyll Trawsfynydd neu'r Epynt, a bod y dewis i gau Trawsfynydd wedi ei gymryd ar sail y ffaith hon. Roedd y creigiau ym Meirionnydd yn fwy niweidiol i ymarfer saethu magnelau na thir meddal yr Epynt.

Fel y gellid disgwyl, roedd dau fisolyn Plaid Genedlaethol Cymru, *Y Ddraig Goch* a'r *Welsh Nation*, yn effro i'r bygythiadau ond, fel pawb arall, yn araf yn ymateb. Ceir prif erthyglau yn y naill a'r llall ym mis Ebrill gan yr Athro J E Daniel, Coleg Bala-Bangor:

> A yw Cymru wedi sylweddoli eto'r brad newydd hwn a gynllunir i'n herbyn? . . . Y mae'r difrod ar fywyd a bywoliaeth unigolion yn arswydus. Ond nid unigolion mo'r bobl hyn. Y maent yn rhan o hen gymdeithas, a'i gwreiddiau yn ddwfn yn hanes Cymru . . . Y mae bwriad y Llywodraeth fel bwled 'dum-dum' yn ei effaith ar gorff byw Cymru, yn rhwygo fwy-fwy yn ei rawd dinistriol . . .
>
> Ni wyddom pa ddull a gymer protest y ffermwyr a droir ymaith; ni wyddom a gânt arweiniad gan y rhai a ddylai eu harwain, neu a fradychir hwy a'n gwlad gan bobl na faliant ddim am Gymru. Ond hyn a wyddom—pe safai'r ffermwyr a'r tyddynwyr hyn gyda'i gilydd, cyffelyb a fyddai'r effaith ar feddwl Cymru i effaith merthyron '58, a ddioddefodd hwythau hefyd eu troi o'u tir yn hytrach na phlygu i ewyllys y meistri tir . . . Y cam cyntaf yn y frwydr, megis ym mrwydr yr Ysgol Fomio, yw mynegi i Lywodraeth Lloegr wrthwynebiad digymod Cymru i'r cynllun newydd hwn.

Mae'r erthygl yn *Welsh Nation* dipyn yn fwy brathog:

> Mae Mr Chamberlain newydd fod yn dweud wrth genhedloedd bach Ewrop mai eu hunig obaith i oroesi yw trwy amddiffyn eu hunain ac ymuno â'r gwledydd hynny, Lloegr a Ffrainc, sydd wedi gosod cadwraeth gwledydd bychain fel un o'i hamcanion rhyfel . . . Pe

> gwyddent faint o barch a roddir gan y Llywodraeth tuag at genhedloedd bach dan ei phawen ni thalent ormod o sylw . . . Mae yna hen ddihareb Gymraeg, 'Sant pen ffordd a diawl pen pentan' . . . Hawliodd Llywodraeth Lloegr 45,000 o erwau i'w 'chwythu yn ddiffeithwch' yn ôl un swyddog milwrol . . . Nid yw'n ddim iddi hi ei bod yn llarpio cymdeithas fyw, aelod wrth aelod, ei thynnu a'i chwarteru—nid yw hynny'n ddim i ddynion sy'n disgyn ar werin ddiamddiffyn gyda'u cadwyni mesur a'u rhybuddion meddiant . . . Mae Cymru yn fwy diamddiffyn o flaen Swyddfa Ryfel Lloegr nag oedd y Ffindir o flaen Rwsia . . .

Roedd y gwrthwynebwyr, ac nid yn unig y cenedlaetholwyr, yn gwneud defnydd lled helaeth o ateb yr Ysgrifennydd Gwladol dros Ryfel yn Nhŷ'r Cyffredin ar 9 Ebrill i ymholiad ynglŷn â maint arwynebedd y tir a feddiannwyd gan y Swyddfa Ryfel yng ngwahanol wledydd Prydain. Yr ateb, gan Oliver Stanley, y Gweinidog Rhyfel, oedd fod y Swyddfa Ryfel oddi ar 1 Ionawr 1938 wedi meddiannu, i ddibenion militaraidd, 56,780 o aceri yn Lloegr a 35,500 o aceri yng Nghymru. Os ychwanegir aceri'r Epynt at y ffigur olaf ceir cyfanswm o dros 70,000. Y ffigur yn yr Alban oedd 6,160 o aceri. Dadl resymol y Blaid oedd fod hyn yn annheg o gymharu maint y tair gwlad ac nad oedd gan Gymru sefydliad i leisio ei phrotest, ar wahân i wrthwynebiad y bobl.

Arweiniodd y safbwynt hwn at gamddeall ar ran gelynion y Blaid ac fe'i cyhuddwyd o fod yn llugoer yn ei hagwedd at y rhyfel, ac yn wir o fod yn euog o roi cefnogaeth i elynion Lloegr. Ond droeon fe wadwyd hyn gan arweinwyr y Blaid. Dywed y *Welsh Nation*, Mehefin 1940, 'nad yw cenedlaetholdeb Gymreig erioed wedi cefnogi achos unrhyw genedl estron sy'n gwrthwynebu Lloegr'. A dywedodd Gwynfor Evans mewn llythyr at J E Jones ar 5 Mai 1940, 'Rhaid imi gyfaddef ei fod yn flin calon gennyf dros Loegr yn yr argyfwng presennol; teimlaf ei bod hi, gyda'i holl ffaeleddau, yn sefyll dros y syniad rhyddfrydol, sy'n gwbl ddieithr i Natsïaeth.'

Gŵr a ddadleuodd yn gryf yn erbyn rhai o ddaliadau'r protestwyr ac a amheuodd rai o haeriadau Moses Griffith a Clement Davies yn eu dirprwyaeth at Arglwydd Cobham oedd R Blandy, Abernant House, Llanwrtyd. Ysgrifennodd lythyr hir i'r *Brecon & Radnor Express* ac fe'i cyhoeddwyd ar 11 Ebrill. Ni fedrid ei gyhuddo o fod yn genedlaetholwr Cymreig ond roedd ganddo hawl i bori defaid ar yr Epynt. Ymosododd ar syniadau Syr George Stapleton, a hynny o du economeg. Byddai, yn ei farn ef, yn costio ffortiwn i wella'r tir ar yr Epynt. Haera fod tir o lawer gwell ansawdd yn cael ei feddiannu gan y Comisiwn Coedwigo a hynny heb air o brotest ar ran aelodau'r ddirprwyaeth a aethai i Lundain. 'Y gwir amdani,' meddai, 'ydy hyn: cyn belled ag y caiff y ffermwr Cymreig bris da am ei fferm yna fe all diwylliant Cymraeg fynd i'r diawl!'

Mynn hefyd fod y gŵr oedd yn bennaf yn delio â'r tir ar ran y Swyddfa Ryfel, sef 'GOC Western Command', yn Gymro ei hunan 'y bu ei deulu yn byw gerllaw'r tiroedd a hawlir am genedlaethau, ac mae ef yn adnabod y mynydd yn dda . . . Mae'n amlwg ei fod ef a'r Swyddfa Ryfel wedi mynd i gryn drafferth i ddewis safle oedd o'r gwerth economaidd lleiaf . . . Fel cyn-swyddog yn y fyddin gallaf dystio bod y tir yn ddewis penigamp o safbwynt milwrol.'

Wedi'r ganmoliaeth hael yna syndod braidd yw darllen geiriau un oedd mor gefnogol i'r fenter yn ymosod ar y diffygion:

> Ni chawsom ni, wŷr y tir comin, unrhyw neges oddi wrth y Swyddfa Ryfel fod rhai o'n tiroedd wedi eu hawlio. Ni chyhoeddwyd map, hyd y gwn i, yn dangos yr arwynebedd a hawliwyd; mae'r cyfan a wyddom wedi ei seilio ar straes [*rumour*] fod y ffermwyr i gyd wedi colli eu hawliau comin.

Os gwir hynny mae'n golygu fod pob ffermwr, ar un ergyd, yn yr ardaloedd hyn, sy'n manteisio ar eu hawliau ar y tir comin, wedi gweld gwerth cyfalaf ei fferm yn cael ei haneru. Os na fydd i'r rhai hynny sydd â hawliau ar y comin ddod ynghyd i amddiffyn eu buddiannau, ac i ymladd am iawndal digonol, ni wneir dim.

Ac yna fe geir yr ymosodiad dadlennol hwn:

Ond yr unig bwynt hanfodol cydrhwng y ffermwyr, porwyr y comin a'r Swyddfa Ryfel yw'r dull unbenaethol a ddefnyddiwyd i fynnu meddiant. Fe wnaed y cyfan mewn ffordd mor ddirgelaidd. Mae'n anhygoel fod (a) y Cyngor Sir neu (b) Pwyllgor y 'War Ag' heb wybod am gynlluniau'r Swyddfa Ryfel a'i bwriad i feddiannu'r tir. Pam felly na fu i'r awdurdod sifil priodol fynnu bod y mater yn dod yn fater cyhoeddus? Y mae gennym hawl i wybod yr ateb i'r cwestiwn yma.

A oes unrhyw ddyn cyffredin yn credu y byddai'r Swyddfa Ryfel yn sylweddoli y byddai 40,000 o famogiaid a fwriwyd o'u porfa yn bwrw eu hŵyn ar yr adeg yma o'r flwyddyn? . . . Dyletswydd yr awdurdod sifil oedd amddiffyn y ffermwr, ac mae'n ymddangos ei fod yn y mater hwn wedi methu yn ei ddyletswydd.

Mae'r cwestiwn olaf braidd yn od. Ei ergyd, rwy'n tybio, yw nad oedd disgwyl i'r Swyddfa Ryfel fod yn ymwybodol o bynciau fel mamogiaid yn wyna, ond fe ddylasai'r awdurdodau sifil (h.y. y Cyngor Sir) fod yn effro i hyn ac felly yn amddiffyn i'r ffermwr. Does ganddo ddim gwrthwynebiad moesol na gwleidyddol i'r Epynt fynd i ddwylo'r fyddin—dyna fyddem yn ei ddisgwyl gan gyn-swyddog milwrol o Sais—ond y mae ei gyhuddiad o gyfrinachedd ac o lusgo traed ar ran y Cyngor Sir a'r 'War Ag'—cyhuddiad a wadwyd gan y cyngor droeon—ac o ddulliau unbenaethol y Swyddfa Ryfel a'r 'Western Command' (er gwaethaf ei ganmoliaeth o'r GOC) unwaith eto'n codi'r cwestiwn ai ar frys difeddwl y dewiswyd yr Epynt neu a oedd cynlluniau mewn llaw ers blynyddoedd y medrid gweithredu arnynt ar fyrder pe deuai galw. Os mai'r ail awgrym sy'n gywir, yna fe gwyd nifer o gwestiynau pwysig ynglŷn â chyfrinachedd a geirwiredd y llywodraeth, ac ynglŷn â hawl llywodraeth i dreisio ardal, hyd yn oed ar adeg o ryfel, heb ganiatáu dadl gyhoeddus. Mae arogl cryf o gynllwyn ynghlwm wrth fwriadau'r llywodraeth; hyn neu ddihidrwydd trahaus.

Ceir beirniadaeth o'r cyrff cyhoeddus hefyd yn y *Brecon & Radnor Express* 11 Ebrill, mewn adroddiad o bwyllgor gwaith Undeb Amaethwyr Brycheiniog a Maesyfed a fu'n cyfarfod yn Aberhonddu y dydd Gwener blaenorol. Penderfynwyd danfon telegram at yr Arglwydd Cobham yn gofyn am ei ymateb i'r ddirprwyaeth a fu'n ei weld ddiwedd Mawrth. Dywedodd yr ysgrifennydd (William Williams) fod y mater yn un difrifol, ac mewn cyfarfod o gangen Pontsenni gofynnwyd iddo ddanfon llythyrau at yr aelodau seneddol oedd ar y ddirprwyaeth i wasgu ar y Swyddfa Ryfel i ddod i benderfyniad. Yna cawn Rhys Williams (Llanwrtyd) yn dweud 'fod yna deimlad yn gyffredinol nad oedd Undeb Cenedlaethol y Ffermwyr wedi rhoi digon o gefnogaeth i'r bobl—rhai ohonynt wedi bod yn aelodau ers blynyddoedd'. Atebodd yr ysgrifennydd mai'r NFU oedd wedi galw'r awdurdodau i gyfarfod eu pwyllgor hwy ar y mater. Y Swyddfa Ryfel oedd yn llusgo'i thraed trwy beidio â danfon ateb iddynt. Yn wyneb cyhuddiadau Mr Blandy amddiffynnwyd y 'War Ag' gan Mervyn T Davies, a'r Cyngor Sir gan David Lewis.

Dywedodd Mr Price (Nantyrharn) fod y ffermwyr a fygythid ar ben eu tennyn. Ychwanegodd Gwyn Jones (Pentre) mai dim ond y rheiny yr effeithiwyd arnynt yn uniongyrchol a fedrai ddeall y sefyllfa. Roedd yntau'n barod, yn rhannol, i gefnogi Rhys

Williams yn ei feirniadaeth o Undeb y Ffermwyr, ond roedd yr ysgrifennydd yn haeddu pob cymeradwyaeth.

Yn y cyfamser roedd ymdrechion ar gerdded i geisio annog y ffermwyr i sefyll ac i estyn cefnogaeth iddynt. Yn *Y Faner*, 13 Ebrill, ceir adroddiad am gyfarfod protest mawr ar sgwâr Pontsenni y Sadwrn blaenorol. Roedd 'rhai o swyddogion y Llywodraeth yn bresennol' hefyd. Cadeiriwyd y cyfarfod gan Oliver J Evans, is-drefnydd y Blaid Genedlaethol yn y de, ac anerchwyd gan Wynne Samuel, Ystalyfera.

Wedi iddo ymosod ar draha'r Sais, lleisiodd Mr Samuel ei ofid 'fod rhai o ffermwyr mynydd Epynt yn dechrau digalonni a llaesu dwylo'. Dywedodd nad oedd y brotest ond megis ar gychwyn . . . Roedd gwrthwynebu hyd yr eithaf yn fater cwbl gyfreithlon i'r gydwybod Gymreig.'

Enillodd sylwadau'r siaradwr gymeradwyaeth frwd y dorf, ac ar y diwedd daeth nifer o ffermwyr, a oedd dan rybudd ymadael, ymlaen i ddiolch am arweiniad eglur ac am ddewrder y rhai a gynhaliodd y cyfarfod yn 'ffau'r llewod' . . . Addawsant ymgynghori â ffermwyr eraill i ystyried ymhellach ddadleuon y cyfarfod.

Yn ôl Dr Gwynfor Evans, mewn llythyr ataf, fe arweiniwyd y gwrthwynebiad gan Bwyllgor Diogelu Diwylliant Cymru, ac roedd ef yn aelod o'i gyngor.

> Gan fy mod yn byw yn gymharol agos at yr Epynt cymerais ran amlwg yn y gwrthwynebiad. Siaredais mewn saith cwrdd, a drefnwyd rwy'n credu gan T I Ellis, ysgrifennydd y Pwyllgor. Dangosodd y rhain nerth ac unoliaeth gwrthwynebiad y trigolion. Siaredais ym Mhontsenni a Llanwrtyd, capel y Babell a Thirabad, ac mewn tri phentref bach iawn ar gwr deheuol Epynt, sef Merthyr Cynog, Llandeilo'r Fân a Llanfihangel Nant Brân. Cymraeg oedd iaith y cyrddau. Yn y pentrefi lleiaf fe'u cynhelid mewn ysgolion yng ngwyll lampau olew. Daeth cynulliad cryf i bob un. Fy nghyd-siaradwr mewn rhyw bedwar cwrdd oedd Dyfnallt. Cymerai dacsi o Gaerfyrddin i Epynt bob tro, a galw amdanaf yn Llangadog ar y ffordd.

Cadarnheir gan Dr Evans fod Saunders Lewis wedi siarad yn un o'r cyrddau a Moses Griffith a T I Ellis mewn un neu ddau.

Yn ôl *Y Faner*, 17 Ebrill, fe gynhaliwyd pedwar o'r cyfarfodydd protest hyn ynghylch yr Epynt yn ystod yr wythnos flaenorol. Ni nodir y mannau ond dywedir bod T I Ellis a Saunders Lewis wedi annerch cyfarfod a gadeiriwyd gan weinidog Hermon. Gan fod y capel yma yn Nhirabad mae'n rhesymol tybio mai yno y buont. Dangosodd Mr Ellis nad un blaid na sect oedd yn cefnogi'r ffermwyr yn eu brwydr, ond gwlad gyfan.

Pwysleisiodd Saunders Lewis y ffaith fod tair wythnos wedi mynd heibio er pan addawodd y Swyddfa Ryfel ailystyried y mater, ac nad oedd ateb wedi ei roi eto. 'Dengys yr oedi,' meddai Mr Lewis, 'fod y Swyddfa Ryfel yn rhoi ystyriaeth ddifrifol i'r achos, ac y mae pob diwrnod o oedi yn cryfhau'r gobaith am lwyddiant.' Ar ddiwedd y cwrdd arwyddwyd deiseb i'r Prif Weinidog gan bob ffermwr a deiliad y comin a oedd yno, yn gofyn iddo atal y bwriad.

Nos Fercher cynhaliwyd cwrdd arall. Y Parch Dyfnallt Owen a Gwynfor Evans oedd y siaradwyr a'r Parch William Jones, gweinidog y Babell, yn y gadair. Cynhaliwyd y cyfarfod yn y capel. Cyfeiriodd Dyfnallt at fynwent y Babell a gâi ei hanrheithio, a dywedodd mai'r unig ffordd a welai ef o rwystro'r anfadwaith oedd i'r ffermwyr sefyll i'r eithaf, a gwrthod mynd o'u cartrefi. Dywedodd Mr Evans fod y llywodraeth wedi ceisio torri calonnau'r ffermwyr drwy ddechrau ar y gwaith cyn rhoi rhybudd iddynt ymadael. 'Dyma ddull Hitler,' meddai, 'wynebu pobl â *fait accompli*; ond ofna'r llywodraeth farn y wlad, a phetai'r ffermwyr yn eu herio, y tebygolrwydd yw na feiddiai'r llywodraeth eu taflu allan trwy rym.'

Yr un siaradwyr a fu mewn cwrdd arall yn Llandeilo'r Fân. Ar ddiwedd y ddau gwrdd, arwyddwyd deiseb gan bawb o'r ffermwyr a deiliaid y comin.

Ar nos Wener, 12 Ebrill, ym Mhontsenni rwy'n credu, bu T I Ellis a Gwynfor Evans yn siarad a'r Parch Dewi Morgan yn cadeirio:

> Cafwyd yn y cwrdd hwn gryn dipyn o wrthwynebiad gan swyddogion o'r gwersyll, ond yr oedd teimlad y gynulleidfa gyda'r siaradwyr. Rhoes Mr Ellis y ffigurau dychrynllyd a ddengys gymaint o dir Cymru a gymerir gan y llywodraeth at amcanion milwrol ... Bydd y Swyddfa Ryfel wedi cymryd 12,630 o gyfeiriau yn fwy na'r cwbl a gymerwyd yn Lloegr a'r Alban gyda'i gilydd—er mai gwlad fechan iawn yw Cymru.
>
> Soniodd Mr Evans am anghyfiawnder symud yr holl deuluoedd o'u hen gartrefi, ac am yr ergyd farwol a roddai i'r iaith Gymraeg yng nghanolbarth Cymru.
>
> Dywedodd un o'r gwersyll fod y llywodraeth yn dod i Gymru am fod yma gymaint o dir diffrwyth; ond atebodd Mr Evans na ellid galw unrhyw dir yn ddiffrwyth pe trinid ef â dulliau gwyddonol diweddar. 'Pe gwerid ar y tir hwnnw,' meddai, 'y ddegfed ran o'r arian y bwriedir ei wario i'w ddifetha, gellid ei wneud ddwywaith yn fwy cynhyrchiol nag ydyw heddyw.
>
> Gorffennodd y cyfarfod trwy ganu 'Hen Wlad Fy Nhadau'. Cynhelir cwrdd arall yn Neuadd Victoria Llanwrtyd nos Fercher nesaf (Ebrill 24) a'r siaradwyr fydd y Parch Dyfnallt Owen, Mr Moses Griffith a Mr Gwynfor Evans.

Mae'r adroddiadau o'r cyrddau yn cadarnhau sylwadau Dr Gwynfor Evans yn ei lythyr am nifer y cyfarfodydd a'i sylw eu bod wedi dangos 'nerth ac unoliaeth gwrthwynebiad y trigolion'. Ychwanega ei fod 'yn anhapus fod yr argraff wahanol wedi ei chreu gan y nifer sylweddol, plant y ffermwyr gan mwyaf, a ddaeth i barti commandant y gwersyll ddwy neu dair blynedd yn ôl' (h.y. yn 1991). Sylw digon teg yw hwn gan ei bod yn amlwg i minnau, ar ôl siarad gyda nifer o deuluoedd, fod y rhai oedd yn blant ar y pryd, fel y byddem yn disgwyl, wedi stumogi'r newidiadau'n well na'u rhieni; ond y pennau teuluoedd fyddai wedi dangos eu cefnogaeth yn y cyfarfodydd cyhoeddus. Roeddynt hwy'n medru gwerthfawrogi maint eu colled.

Gŵr a dreuliodd bythefnos ar yr Epynt yn ymweld â'r ffermwyr i gyd oedd J E Jones, ysgrifennydd Plaid Genedlaethol Cymru. Arhosodd yn Llangadog gyda Gwynfor Evans dros y cyfnod. Rywbryd rhwng 1 a 22 Ebrill y bu hyn. Mae'n ysgrifennu at y Parch Lewis Valentine, ar ôl yr ymweliadau:

> Bûm yn Mynydd Epynt am bythefnos ymron, yn ymweld â'r ffermwyr o dŷ i dŷ trwy gydol y dyddiau, gan eu calonogi a'u symbylu i sefyll yn eu cartrefi yn erbyn y Swyddfa Ryfel; yr oedd gelynion i ni yn y cylch hefyd, sef arweinwyr Undeb y Ffermwyr yn bennaf, a rhyw ocsiwnïar hefyd; a llwyddai'r rheiny i rybuddio'r ffermwyr rhagom i raddau, fel na dderbynient ein gobaith yn ddihalen; er hynny, llwyddasom i gadw'r ffermwyr rhag mynd i anobaith. Cafwyd cyfarfodydd mewn pum lle yn ystod yr wythnos, a daeth gair yn awr y cafwyd cyfarfod pur dda ym Mhontsenni nos Wener, er fod rhyw Saeson yn gwrthwynebu...

Yn y *Ddraig Goch*, Mai 1940, cawn adroddiad gan J E Jones am yr ymweliad yma. Wedi iddo ddyfynnu o lythyr yn y *Times* gan hanesydd o'r enw J D Griffith Davies fod 'pobl y cylch yn cael profi o'r un driniaeth ag a gafodd y Pwyliaid a'r Ffiniaid gan yr Almaenwyr a'r Rwsiaid', a rhoi disgrifiad o'r ardal a'i chynnyrch, a dyfynnu'r swyddog o'r Swyddfa Ryfel a ddywedodd mai bwriad yr ysgol danio ar Epynt oedd 'to blast the place into a wilderness', ceir ganddo'r sylwadau hyn:

Bore trannoeth Eisteddfod frwdfrydig a llwyddiannus yng Nghapel y Babell yng Nghwm Cilieni y daeth rhybuddion cyntaf y Swyddfa Ryfel yn gwmwl du dros yr ardaloedd.

Os yw croesogarwch yn nodwedd Gymreig, fe'i ceir yn rhai o'r cymoedd hyn ar ei gorau. Mewn ugain milltir o daith, un diwrnod, ni cherddais nemor filltir yn unig rhwng y ffermydd—deuai rhywun gyda mi i ddangos y llwybr; a rhoddwyd benthyg merlen imi; ac anodd oedd llwyddo i adael un cartref heb orfod cymryd bwyd; croeso tywysogaidd ydoedd yn wir, croeso Cymreig.

Cartrefi Hynafiaid
Dyma'r teuluoedd y bwriadodd Swyddfa Ryfel Lloegr eu taflu ar y ffordd . . . O'r holl ffermwyr a gollai eu cartrefi, dim ond rhyw naw oedd wedi sicrhau lleoedd i fynd iddynt pan ymwelais â hwy; a gwell gan y rhai hynny hefyd fyddai aros. *Nid oes neb am symud*—dim un teulu. Bu hynafiaid llawer o'r bobl yn y cartrefi hyn am ganrifoedd. 'I mi fod yn gwybod', medd un gŵr, 'yr oedd tadcu fy nhadcu yn byw yn y tŷ hwn'.

Mewn tri chartref y bûm ynddynt, yr oedd hen wragedd dros eu pedwar ugain oed—mewn ofn a dychryn yn wyneb rhybudd Swyddfa Ryfel Lloegr . . . 'Pe caem ni i gyd fynd gyda'n gilydd i'r un ardal, fyddwn i ddim yn dweud llawer; ond ein taflu ni mâs i ganol dieithriaid—rhai teuluoedd yn gorfod mynd i ganol Saeson hyd yn oed—mae'r peth yn ofnadwy': dyna deimlad a fynegwyd i mi mewn mwy nag un cartref . . .

Mewn dau gwm yr oedd parodrwydd llwyr i sefyll hyd yr eithaf mewn amddiffyniad o'u cartrefi.

Byddai'r parodrwydd a'r penderfyniad yn ddigonol i ennill y frwydr yn hawdd, onibai am frad. Bradychwyd achos y ffermwyr hyn yn llwyr gan eu harweinwyr lleol, sef Swyddogion Undeb yr Amaethwyr a rhai cynghorwyr lleol. Er i'r rhain, pan oeddynt yn ddirprwyaeth gyda'r Aelodau Seneddol a Phwyllgor Amwythig [sef Pwyllgor Amddiffyn Diwylliant Cymru] yn y Swyddfa Ryfel yn Llundain, alw am symud yr holl gynllun, eto, yn ddiweddarach, ceisiasant rwystro pob gwrthwynebiad i'r cynllun, gan annog y ffermwyr i symud ymaith yn dawel fel defaid.

Paham y brad hwn? Ni wyddom ond dylid cael gwybodaeth swyddogol. Oherwydd cynghorion drwg y bradwyr hyn, ac o weled y Swyddfa Ryfel yn mynd ymlaen yn gyflym gydag adeiladu gwersyll ym Mhontsenni a ffyrdd hyd y mynydd, hawdd yw deall anobaith llawer o'r ffermwyr.

Yn y cymoedd Cymreig, cenedlaetholdeb Cymreig y trigolion oedd sail bwysicaf eu safiad; nid oedd yma gymaint o sôn am faterion ariannol ac iawndal; llawer gwaith y dywedwyd wrthym, 'Yn yr hen amser, fe yrrodd y Saeson yr hen Gymry i'r mynyddoedd; a 'nawr, dyma nhw'n ceisio'n gyrru ni o'r mynyddoedd eto.'

Ar wahân i wneud pwynt gwleidyddol cryf, mae'n anodd, erbyn hyn, ddeall pam fod J E Jones mor chwyrn ei gondemniad o'r 'bradwyr'. Hwyrach, o gofio traddodiad militaraidd hirfaith Aberhonddu a'r cylch, a cheidwadaeth naturiol y rhan fwyaf o bobl, ei fod yn gofyn ac yn disgwyl gormod, yn arbennig oddi wrth swyddogion ac aelodau'r Cyngor Sir a'r NFU. Ar y llaw arall, roedd rhywfaint o ysbryd John Penri a'i safiad ef yn ei ddydd yn erbyn llywodraeth unbenaethol, yn dal i ystwyrian. Rhaid cydnabod mai diffyg arweiniad *lleol* (cofiwn mai o'r tu allan y daeth y siaradwyr protest i gyd) ac ofn cynyddol ymhlith y ffermwyr a'r bugeiliaid y byddent yn cael eu taflu ar y clwt yn ddiseremoni ac yn ddigymhorthdal, a drodd y fantol mor sydyn. Y gwir plaen—ac yn hyn o beth roedd ymyrraeth Plaid Genedlaethol Cymru'n llwyr berthnasol—oedd na feddai Cymru unrhyw sefydliad na chorff cenedlaethol i sefyll dros ei hawliau cyfiawn ar ei thiriogaeth. Mae'n arwyddocaol mai corff *ad hoc* o ddynion da—nid gwleidyddion hyd yn oed yn bennaf—a ffurfiai aelodaeth Pwyllgor Amddiffyn Diwylliant Cymru. A'r pwyllgor hwn fu'r mwyaf blaengar yn ceisio crynhoi protest effeithiol yn erbyn anfadwaith yr Epynt. Profwyd—fel yn achos Tryweryn—nad yw Cyngor Sir yn ddigon cryf i wrthsefyll grym gwladwriaeth estron. Rhaid wrth sefydliad cenedlaethol fydd yn medru gwarchod buddiannau cenedlaethol.

Y mae, wrth gwrs, yn bosibl gorbwysleisio'r ymwybyddiaeth genedlaethol ymhlith y trigolion. Mae gofyn ystyried dyfarniad yr Athro Glyn Jones, Caerdydd yn y gyfrol *Cymru'n Deffro* (gol John Davies) pan farnodd 'nad yw'r bobl hyn ar y cyfan yn ymwybodol o'r anghyfiawnder a wnaed â hwy o'r safbwynt cenedlaethol. Gofidiant oblegid chwalu eu cartrefi a hiraethant am yr hen fro, ond cymerant y safbwynt fod eu haberth yn angenrheidiol er mwyn dibenion y rhyfel.' Ar y llaw arall, mae'n anodd credu na chafodd y wasgarfa effaith ar feddylfryd llawer o Gymry'n ddiweddarach.

Rhaid hefyd cydnabod—fel y bu i'r protestwyr a'r ffermwyr gydnabod—fod y digwyddiadau hyn yn ymddatod ar adeg pryd roedd cyfnod afreal y 'phoney war', ar ddechrau'r rhyfel, yn dod i ben. 9 Ebrill a ddynodir fel y trobwynt pryd y cychwynnodd Hitler ar ei Blitzkrieg trwy oresgyn Norwy cyn diwedd y mis, goresgyn yr Iseldiroedd ar 10 Mai a gorchfygu Ffrainc erbyn canol Mehefin. Bu'r colledion Prydeinig yn drwm yn yr un cyfnod; methiant fu'r ymdrech yn Norwy, ac wedi hynny cafwyd dihangfa gostus Dunkerque. Pan ddeuwn i adrodd hanes Iorwerth C Peate yn ymweld â'r Epynt yn ystod dyddiau trist, olaf yr ymadael i wneud arolwg o'r ffermydd, mae'n bwysig cofio bod Caerdydd ac Abertawe'n cael eu bomio.

Yr argoel cyntaf a gafwyd bod y dirprwyaethau a'r protestiadau'n debyg o fethu ydyw llythyr oddi wrth Gwynfor Evans at J E Jones ar 22 Ebrill 1940; 'Epynt. Newydd drwg oddi wrth Clem Davies [aelod seneddol Maldwyn]. Y mae bron yn siŵr na wnaiff y llywodraeth ddim ond *talu* am y ffermydd. Ni symudant y gwersyll na'i leihau.' Ar 29 Ebrill, cydnebydd y Pwyllgor Diogelu fod y frwydr wedi ei cholli ond ei fod yn dal i brotestio'n egnïol yn erbyn y cais i guddio gwybodaeth am y cynllun a'i ruthro drwodd cyn i farn gyhoeddus gael cyfle i'w mynegi.

Ar 9 Mai cawn J E Jones yn ysgrifennu at Gwynfor Evans: 'Y mae'n ddrwg gennyf glywed bod y ffermwyr yn paratoi i symud mor gyflym; ni ellir eu beio, ond ni allwn ninnau ond pitïo nad oes ychwaneg o ysbryd ymladd.' Ychydig cyn hynny ysgrifenasai Gwynfor Evans at J E Jones yn dweud iddo fod:

> . . . yng nghylch Epynt nos Wener. Gelwais yn fferm David Lewis, Cefnbryn-isaf, Llwynteg-uchaf a Gwybedog. Cwrddais hefyd â Williams y Bungalow a'i fab-yng-nghyfraith o Gilfach-yr-haidd.
>
> Casglaf fod ein gwaith o wrthwynebiad ymhlith y ffermwyr wedi mynd yn chwilfriw. Y mae'r mwyafrif yng Nghwm Cilieni wedi cael llefydd; ac nid oes llawer o galon i wrthwynebu ymhlith y rhai mwyaf glew . . . Nid yw Goronwy Davies wedi cael lle, ac roedd ei fam bron torri ei chalon.
>
> Nid wyf yn gweld llawer o bwrpas felly i ymweliadau pellach i drefnu dim ymhlith y ffermwyr eu hunain.

Ar 3 Mai, yng nghyfarfod o bwyllgor gwaith Pwyllgor Amddiffyn Diwylliant Cymru, 'darllenwyd llythyr oddi wrth y Swyddfa Ryfel yn dywedyd ei bod yn mynd rhagddi gyda mater Epynt, ac y bwriedid yn awr fynd ati i brynu'r tir yno yr oedd y Swyddfa Ryfel ei eisiau'. Ddiwrnod ynghynt roedd y *Brecon & Radnor Express* yn adrodd fod pwyllgor gwaith yr NFU wedi cyfarfod yn Llanfair-ym-Muallt (pryd, nid yw'n glir, ond lai nag wythnos ynghynt). Dywedodd y Swyddfa Ryfel fod yn ddrwg ganddi na fedrai roi'r gorau i'r cynllun, ond roedd wedi penderfynu pwrcasu'r tir comin yn hytrach na'i feddiannu. Ni fyddai hynny mor galed â'r ffermwyr. Roedd yr ysgrifennydd wedi galw cyfarfod o Bwyllgor Deiliaid y Comin ar gyfer dydd Mawrth, a chyfarfod o'r rhai oedd yn mynd i golli eu tiroedd, yn Aberhonddu, ddydd Gwener. 'Mae'r amser yn fyr,' meddai'r ysgrifennydd, a phwysleisiodd pa mor bwysig oedd iddynt ddewis eu priswyr er mwyn cael pob achos yn barod. Yn y drafodaeth a ddilynodd datgelodd na wyddai Undeb y Ffermwyr ddim byd am y cynllun (i feddiannu'r Epynt) tan y mis Tachwedd blaenorol, ac erbyn 22 Rhagfyr roedd pwyllgor amddiffyn wedi ei ffurfio. Yn yr un cyfarfod, gyda llaw, cafwyd trafodaeth lawer mwy tanbaid ynglŷn â phris y gwlân! Dywedodd un y dylent ddefnyddio'r 'dwrn dur' yn erbyn y llywodraeth!

Yr hysbysiad cyntaf a welais yn y papur lleol yn cyhoeddi arwerthiant yn un o'r ffermydd yr effeithid arnynt gan y Swyddfa Ryfel oedd un yng Nghwmllaethdy, Capel Uchaf, ar 25 Ebrill. Y mae'r fferm yma'n union am y ffin â'r raens ac yn enghraifft dda o fferm a gollwyd gan ei bod wedi colli peth o'i thir a'i hawliau pori, nes argyhoeddi'r perchenogion na fedrent barhau i ffermio. Ar werth roedd 11 o wartheg, 7 ceffyl, 103 o famogiaid, mochyn ac offer fferm. Ar 2 Mai ceir rhag-hysbysiad am arwerthiant yn Ynys-hir, Llanfihangel Nant Brân—500 o ddefaid, 18 o wartheg Henffordd, 25 o geffylau a phonis.

Ar 23 Mai ceir apêl daer yn y *Brecon & Radnor Express* ar i ffermwyr gefnogi eu cyd-ffermwyr a deiliaid y comin yn yr arwerthiannau a orfodwyd arnynt gan fyr rybudd y llywodraeth.

Ar 6 Mehefin cafwyd adroddiad maith yn yr un papur gan yr aelod seneddol, W F Jackson, ar ei brofiadau seneddol. Ni cheir gair am yr argyfwng oedd yn gwasgu ar deuluoedd yr Epynt. Does yna ddim cyfeiriad at yr argyfwng ym mhwyllgorau lleol y Blaid Lafur dros y cyfnod ychwaith.

Mae'r Parch Arthur Jones, Aberhonddu, golygydd *Y Dysgedydd*, yn dychwelyd at bwnc yr Epynt yn ei nodiadau golygyddol yn rhifyn Mehefin. Mae ei sylwadau miniog yn ategu i raddau farn J E Jones, a chofiwn nad oedd yn hawdd i weinidog y Plough, Aberhonddu ymfflamychu'n anghyfrifol gan ei fod yn byw yn y cylch ac yn adnabod y prif gymeriadau yn yr hanes. Mae'n siŵr y byddai'n rhaid iddo fod yn barod i amddiffyn yr ensyniadau isod. Rhydd hyn hygrededd i'w eiriau.

> Pan gymerth y llywodraeth iddi ei hun, ar ddechrau'r rhyfel, awdurdod diamod, ni thybiasom weld gweithredu'r awdurdod honno i dreisio hawliau unigol, cymdeithasol a chenedlaethol . . . i yrru ardaloedd cyfain o'u cartrefi heb wneuthur unrhyw baratoad ar eu cyfer . . . Nid rhyfedd fod calonnau pryderus o odreon Epynt i Bont Senni yn ymholi'n ddigalon, 'Pa beth a wnawn?' 'Pa fodd y cawn fywoliaeth?' Yr ateb hyd yma yw, 'Eich busnes chwi yw hynny, cliriwch allan'.
>
> Mewn cyfarfod o'r gwladwyr syml hyn . . . ar yr adeg fwyaf anffafriol o'r flwyddyn, ac ar derfyn y gaeaf caletaf a gofir, gofynnid yn ddi-obaith, 'Beth allwn ni 'neud?' Ateb Saesneg eu cynghorwyr ydoedd: 'There is nothing to be done except to try and get the best terms: we will do all that we can to help you'. Fel pe gellid cyfnewid treftadaeth bro a thoriad y wawr ar fryniau Epynt am gynifer o bapurau punt!

'Eu Tir a Gollant'

Yn rhinwedd ei swydd fel aelod o staff yr Amgueddfa Genedlaethol yng Nghaerdydd, galwyd ar Iorwerth C Peate i fynd i Fynydd Epynt a Mynydd Bwlch-y-groes i ymweld â'r ffermdai a'r tyddynnod a wacéid, i'w mesur ac i dynnu lluniau ohonynt. Ysgrifennodd hanes yr ymweliadau gyntaf yn *Y Llenor* (1941), ac fe'i hatgynhyrchwyd yn *Ym Mhob Pen* (1948) ac yn *Personau* (1982). Cyhuddwyd Peate o fod yn sentimental wrth ysgrifennu ei brofiadau ond ni ellir gwadu realiti'r digwyddiadau a groniclir, a gwyddai yntau o'r gorau ac yntau'n byw ger Caerdydd fod y ddinas yn cael ei bomio o'r awyr ar y pryd. Dyma ran o'r hanes:

> Gorchwyl trist ydoedd: yr oedd fy ymweliad olaf yn yr wythnos olaf ym Mehefin a chan fod y saethu i ddechrau ar y dydd cyntaf o Orffennaf, disgwylid i bawb ymadael cyn y nos Sadwrn. Arosasai'r rhan fwyaf yn eu cartrefi hyd y dyddiau olaf posibl, ac i ganol yr ymfudo y deuthum innau. Mynd i fyny un cwm sut bynnag a chael tŷ ar ôl tŷ yn y fro dlos hon wedi'i gloi, y ffenestri'n ddiaddurn a'r cwareli'n syllu'n ddall arnaf, cath a adawyd yn cilio'n ofnus trwy dwll yn nrws y beudy, ambell lo neu anner y deuid eilwaith i'w ymofyn yn rhedeg yn hyderus ataf o weld dyn byw yn y distawrwydd marw hwn nas deallai . . . Cyfarfûm deulu'r Hirllwyn a'u llwyth celfi'n dyfod ar gert trwy lidiart y mynydd; yn y

Waun-lwyd. (*Amgueddfa Werin Cymru*)

Waun Lwyd yr oedd lorri wrth gefn y tŷ yn prysur lwytho. Euthum heibio i dalcen y tŷ i'r ffrynt. Yno yr oedd hen wraig bedair ugain a dwy. Nis anghofiaf byth: tynasai hen gadair i gwrr eithaf y buarth, ac eistedd yno fel delw gan syllu i'r mynydd-dir a'r dagrau'n llifo i lawr ei gruddiau. Fe'i ganesid yno, a'i thad a'i thaid o'i blaen. Mae'n mynd heddiw a dyma hi'n cronni i'w munudau olaf yr olwg gyfoethog ar yr hen fynydd neu'n ail-gofio dyddiau ei heinioes yn yr hen ddyddyn. 'Dwn i ddim: ond dyna lle yr oedd ac ni welwn i ond dagrau ei hing. Teimlwn fy mod wedi torri ar sacrament a cheisiais ddianc yn dawel oddi yno. Ond fe'm gwelsai. Heb symud na llaw na phen na llygad, gwaeddodd arnaf: 'O ble'r ych chi'n dod?' 'O Gaerdydd,' meddwn innau. Wrth weld mai Cymro oeddwn—o leiaf dyna gredwn—ciliodd y sarugrwydd, ac amlhaodd y dagrau. 'Fy machgen bach i,' ebe hi, 'ewch yn ôl yno gynted ag y medrwch, mae'n ddiwedd byd yma.' Ac er fy mod yn gwybod fod bomiau'r Ellmyn yn disgyn ar Forgannwg y dyddiau hynny, gwyddwn mai hi *oedd* yn iawn: yr oedd yn ddiwedd ar ei byd hi.

Un dydd yng nghwm Cilieni gelwais wrth ddrws tŷ fferm i ofyn am ganiatâd i dynnu llun. Daeth gwraig y tŷ i'r drws, gwraig tua'r deg ar hugain oed. Dywedais wrthi'n Gymraeg beth oedd fy neges. Aros eiliad: yna 'Cewch, siŵr iawn,' meddai gyda gwên. Yna ychwanegodd, 'Meddyliais ar y cyntaf mai un o'r diawliaid yna o Lundain oeddych a buaswn wedi gosod y cŵn arnoch petawn heb gofio na buasai'r un cythraul ohonynt byth yn siarad Cymraeg.' Iaith arw ond hollol anaddas i gyfleu chwerwder ei theimladau. Cyn imi ymadael daeth ataf i ofyn cyngor: yr oedd yn awyddus am fy marn ar beth a allai fynd gyda hi o'r tŷ. 'Fe'm ganed ac fe'm maged yma,' meddai, 'a'm tad o'm blaen. A dybiwch chwi y gallwn fynd â'r drws ffrynt gyda mi, i gofio am yr hen le?' Sentiment, rhowch iddo'r enw a fynnoch, ond yr oedd yn 'ddiwedd byd' (chwedl gwraig y Waun Lwyd) iddi hithau hefyd. Ac yn y diwedd ar gymdeithas Gymraeg. Canys er imi deithio tua phedwar can milltir yn ôl ac ymlaen, ar hyd ac ar draws y fro, ni chlywais odid ddim Saesneg. Rhyw ddau neu dri yn unig a gyfarfûm na ddeallent Gymraeg, ond yr oedd amryw na wyddent y nesaf peth i ddim Saesneg. Trwy wasgaru gwerin Epynt drylliwyd un o'r darnau olaf—o unrhyw faint—o'r diwylliant Cymraeg—diwylliant John Penry—ym Mrycheiniog.

Manteisiodd Peate ar y cyfle i ymweld â Phantycelyn a Chefn-brith. Disgrifir y ddau dŷ ganddo fel 'hen dai nobl . . . Yn y naill a'r llall gwelir yn eglur olion cyfnewidiadau'r canrifoedd ond yn y Cefn-brith yn arbennig fe erys digon o nodau ei hynafiaeth.' Â rhagddo:

Gwahanol iawn oedd hi yn y cwbl o dai'r Epynt. Mae'n amlwg fod mestri tir y ganrif ddiwethaf—ac fe ategir hyn yn Adroddiad y Comisiwn Tir—wedi gwario llawer ar ail-adeiladu'r tai ac o'r holl dai a wacawyd ni welais un nad oedd wedi ei newid gymaint nes dileu'r rhan fwyaf o'r nodweddion cynhenid. Erbyn hyn fe gaiff dyn ryw gymaint o gysur o'r ffaith hon: o leiaf, ni ddistrywir adeiladau o unrhyw bwysigrwydd pensaernïol mawr. Ond nid oes cysur o gofio am y darnio ar ddiwylliant a chymdeithas y fro—pethau llawer pwysicach na thai. Y mae'r iaith Gymraeg a'r diwylliant, fel y gwyddom oll, ar eu praw heddiw.

. . . Pan gymer y Llywodraeth ddarn o dir yn Lloegr a throi ei ffermwyr o'u tai, y mae gan yr anffodusion hynny wlad gyfan i droi iddi am gartrefi newydd lle y siaredir yr iaith Saesneg a lle y ceir cymdeithas Saesneg. Y mae meddiannu deugain mil o erwau yn Lloegr yn anffawd, bid sicr, ond nid yw'n drychineb am na pheryglir iaith a diwylliant Lloegr o gwbl trwy hynny.'

Symud felly fu raid. Ac er i rai teuluoedd gael eu siomi gan eu ffermydd newydd, gallai eraill lawenhau iddynt fedru cael ffermydd da. Doedd y symud ddim bob amser yn hawdd. Rhaid cofio nad oedd ffyrdd esmwyth y pryd hwnnw a phrin oedd y lorïau.

Dywedodd Aneurin Davies, Gwybedog mai llwyth yn unig y medrent ei gludo yr holl ffordd i'w cartref newydd ym Mhumsaint. 'Bu raid inni dympo'r gweddill ar fferm perthynas dros dro.' Ef hefyd a ddywedodd ei bod yn dorcalonnus gweld yr hen bobl yn gorfod mynd o'u cartrefi.

Cofiai ei frawd, Iorwerth Davies, hefyd am y symud i Goed-y-gof ym Mhumsaint. Erbyn iddynt gyrraedd fel teulu roedd y gwair yn barod i'w dorri ac roedd wedi tyfu ym mhob cae, ond fe ddaethai'r cymdogion i helpu. Nid yn unig hynny, ond roeddynt wedi gofalu cadw'r tŷ'n gras erbyn iddynt gyrraedd ac roedd y llawr wedi ei olchi a bwyd yn barod ar y bwrdd. Mae'n siŵr fod caredigrwydd cyffelyb wedi bod o gymorth i sawl teulu ar adeg o ansicrwydd mawr yn eu bywydau.

* * *

Daeth y diwedd yn sydyn. Maluriwyd cymdeithas wâr, Gymraeg mewn ychydig wythnosau. Gwasgarwyd y teuluoedd. Gadawaf y gair olaf ond un i Ronald Davies:

> Roedd bywyd yr Epynt yn fywyd llawen iawn—yn araf o'i gymharu â bywyd heddiw, ond rwy'n siŵr na fedrid dysgu dim i'r bobl yma am fodlonrwydd. Fe gofiaf amdanynt bob amser fel pobl lawen, fodlon ar eu byd, yn creu eu diddanwch eu hunain.

Y gair olaf i Annie Mary Williams, Tir-bach, ger y capel. Mae'n disgrifio wrth Gwyn Erfyl ar raglen deledu yn 1972 'y Bylgen'—y Plygain. Wedi cynnau'r stof a goleuo'r lampau yn y Babell am bump o'r gloch fore'r Nadolig byddai'n dychwelyd i'r tŷ ac yn edrych trwy'r ffenestr, a maes o law trwy'r tywyllwch byddai'n gweld y bobl yn dod o bob cyfeiriad. Pob teulu â'i lamp stabal i oleuo'r ffordd. Ac yna, heb atal, mae Mrs Williams yn rhestru enwau'r teuluoedd wrth enwau'r ffermydd: 'Hirllwyn, Bryn-melyn, Llwyn-coll, Gilfach-yr-haidd, Cefncyrnog, Neuadd Fach, Crofite, Carllwyn, Cwm-nant-y-moch, Llwynteg-isaf, Cefnbryn-isaf, Gelli-gaeth, Cefnbryn-uchaf, Lanfraith a Gythane.' Roedd cyfaredd yr enwau a hiraeth y llais yn dweud y cyfan.

Mae ei hiraeth hi'n rhan o'n hiraeth ninnau am gymdeithas a gollwyd, ond mae adrodd a darllen y stori, gobeithio, yn symbyliad inni benderfynu na ddigwydd hyn eto. Byth.

Atodiad A

Rhestr o Aelwydydd a Theuluoedd

Hwyrach mai pennod bwysicaf llyfr Ronald Davies, *Epynt Without People*, yw honno sy'n rhestru'r ffermydd a'r teuluoedd oedd yn byw ynddynt yn 1940. Dylid nodi nad yw'r awdur wedi cynnwys enwau aelodau o deuluoedd oedd eisoes wedi gadael eu cartrefi yn 1940—rhai ohonynt mor ifanc â 14 mlwydd oed, ond fe nodir yn y bennod i ble y bu i bob teulu symud gyntaf. Pwysleisir bod tua 75% ohonynt wedi symud yr ail waith. Ychwanega Ronald Davies, 'Erbyn heddiw [h.y., 1971] mae 30% ohonynt wedi marw', gan gyfeirio at y pennau teuluoedd, mae'n siŵr.

Penderfynais atgynhyrchu'r rhestr gan ei bod, cyn belled ag y medraf warantu, yn gyflawn a chywir. Nid wyf, fodd bynnag, wedi ei gosod yn yr un drefn; yn hytrach, gosodais yr aelwydydd yn eu plwyfi priodol.

Plwyf Llanddulas

Ffos-yr-hwyaid
Mr John Williams, Mrs Elizabeth Williams, Mr Emrys Williams, Miss Margaret James, Mr Gwesyn Davies.
Symud i Troedrhiwtelych, Llanymddyfri, Sir Gaerfyrddin.

Gwybedog
Mrs Margaret Davies, Miss Miriam Davies, Mr Goronwy Davies, Mr Iorwerth Davies.
Symud i Coed-y-gof, Pumsaint, Sir Gaerfyrddin.

Cefnioli
Mr John Owen, Mrs Catherine Owen, Mr William Owen, Mr David Owen.
Symud i Sarncwrtau, Llanddulas, Sir Frycheiniog.

Plwyf Llandeilo'r Fân

Waun Lwyd
Mr David Richards, Mrs Margaret Richards, Mr William Picton, Mr Gwilym Richards.
Symud i Scrach, Babel, Llanymddyfri, Sir Gaerfyrddin.

Berth-ddu
Mr Rees Jones, Mrs Margaret Jones, Miss Gwyneth Jones, Miss Glenys Jones.
Symud i Pentremeurig, Llanwrda, Sir Gaerfyrddin.

Bwlch-gwyn
Mr John Davies, Mrs Anne Davies, Mr William Davies, Miss Peggy Davies, Mr Vivian Davies, Miss Olwen Davies, Mr Vincent Davies.
Symud i Glaneithrim, Pentre Uchaf, Sir Frycheiniog.

Brynmeheryn
Mr Brychan Davies, Mrs Rachel Davies.
Symud i Pantmadog, Trecastell, Sir Frycheiniog.

Ddôl-fawr
Mr David Thomas Jones, Mrs Margaret Anne Jones, Mr Gwyn Jones, Mr Jeffrey Jones, Mr Trevor Jones.
Symud i Glanbrwynant, Llandeilo, Sir Gaerfyrddin.

Pant-mawr
Mr John Price, Mrs Polly Price, Mr Edward Price, Mr Brynley Price, Miss Gwenda Price, Miss Elizabeth Price.
Symud i Cwm-erchon, Llanfihangel Nant Brân, Sir Frycheiniog.

Carnau
Mr William Price, Mrs Elsie Price, Miss Anne Price, Miss May Price.
Symud i Tyle-bach, Llangynidr, Sir Frycheiniog.

Dderw Fawr
Mr Emrys Davies, Miss Irene Davies, Miss Eunice Davies.
Symud i Dolfallt Fach, Rhandir-mwyn, Sir Gaerfyrddin.

Drainduon
Mr William Thomas Price, Miss Clara Price.
Symud i Pant, Rhiwfawr, Cwm-twrch Uchaf ac i Llwynteg-isaf, Llandeilo'r Fân, Sir Frycheiniog.

Waun-fawr
Mr Stanley Davies, Mrs Priscilla Davies, Miss Gwyneth Davies, Miss Tegwen Davies.
Symud i Pantygrafog, Llanddeusant, Sir Gaerfyrddin.

Croffte
Mr Jack Price, Mrs Katie Price.
Symud i Penrheol, Talgarth, Sir Frycheiniog.

Carllwyn
Mr Griff Price, Mrs Megan Price, Mrs Anne Price, Mr William Rees Price, Miss Heulwen Price.
Symud i Pant-llwyd, Llangynidr, Sir Frycheiniog.

Cefnbryn-isaf
Mr David Lewis, Mrs Anne Lewis, Mr David Lewis, Miss Mair Pritchard.
Symud i Beili Gleision, Trecastell a Nantllys, Pentre Uchaf, Sir Frycheiniog.

Cefnbryn-uchaf
Mrs Sally Jones, Mr Brychan Jones, Mr Owen Price.
Symud i Pant, Rhiwfawr, Cwm-twrch Uchaf, a Llwyn-teg Isaf, Llandeilo'r Fân, Sir Frycheiniog.

Gelli-gaeth
Mr Cornelius Davies, Mrs Eleanor Davies, Mr Herbert Davies, Mr John Davies.
Symud i Fanisaf, Pontfaen, Sir Frycheiniog.

Llwynteg-uchaf
Mr William Williams, Mrs Elizabeth Williams, Miss Eira Williams, Mr Morgan Williams, Mr David Williams, Miss Blodwen Williams, Miss Lena Williams.
Symud i Tirdewenydd, Penderyn, Sir Frycheiniog.

Llwyn-coll
Mr Thomas John Jones, Mrs Mary Jones, Mr David Rees Jones, Mr Gwynfor Jones, Mr Idris Jones.
Symud i Glancledan Fawr, Llanwrtyd, Sir Frycheiniog.

Hirllwyn
Mr Rees Davies, Mrs Ruth Davies, Miss Olwen Davies, Mr Rees Davies, Mrs Rosalie Davies, Mr Aneurin Davies.
Symud i Glancledan Fawr, Llanwrtyd a Craigyrwiddon, Babel, Llanymddyfri, Sir Gaerfyrddin.

Brynmelyn
Mrs Margaret Davies, Mr David Davies, Mr Rees Davies, Miss Eleanor Davies.
Symud i Cefn-coch, Babel, Llanymddyfri, Sir Gaerfyrddin.

Gilfach-yr-haidd
Mr George Evans, Mrs Kate Evans, Miss Eileen Evans.
Symud i Penlan, Porth-y-rhyd, Sir Gaerfyrddin.

Blaenysgir-fawr
Mrs Ellen Jones.
Symud i Gwarfelin, Llanfihangel Nant Brân, Sir Frycheiniog.

Graig
Mr Thomas Price, Mrs Caroline Price, Miss Gwenllian Price, Mr Gwyn Price, Mr Gwilym Price, Mr Brynmor Price.
Symud i Nantyfarddu, Llanafan, Sir Frycheiniog.

Glan-dŵr
Mr Thomas Morgan, Mr William Morgan.
Symud i Llwyn-brain, Merthyr Cynog, Sir Frycheiniog.

Neuadd-lwyd
Mr Rees Morgan, Mr Ifor Morgan.
Symud i Llwynwennol, Gwynfe, Sir Gaerfyrddin.

Llwyn-onn
Mr John Jones, Mr Roger Jones, Miss Gwyneth Jones, Miss Caroline Jones.
Symud i Cwmgwengad, Aberysgir, Sir Frycheiniog.

Abercriban
Mr Evan Lewis, Mr Mordecai Lewis.
Symud i Llandevirion, Castell-paen, Sir Faesyfed.

Rhyd-y-maen
Mr Isaac Morgan, Mrs Eleanor Morgan, Miss Eirlys Morgan, Mr Llewelyn Morgan.
Symud i Glancrysant, Llanddulas, Sir Frycheiniog.

Beili-Richard
Mr David Davies, Mrs Doris Davies, Miss Eluned Davies, Miss Beryl Davies.
Symud i Cerrigeithion, Merthyr Cynog, Sir Frycheiniog.

Car
Mr Emrys Phillips, Mrs Elisabeth Ann Phillips, Mr Merfyn Phillips.
Symud i Llwyncelyn, Llansadwrn, Sir Gaerfyrddin.

Cwm-car
Mr Walter Watkins, Mrs Gwladys Watkins, Miss Ionwen Watkins.
Symud i Cwm-llwch, Libanus, Sir Frycheiniog.

Neuadd Fach
Mr Thomas Price, Mrs Elizabeth Price, Mr Anwyl Price, Mr Idris Price.
Symud i Coity-bach, Talybont-ar-Wysg, Sir Frycheiniog.

Abercyrnog
Mr Evan Powell, Mrs Ethel Powell.
Symud i Byngalo Aber-car, Pontsenni, Sir Frycheiniog.

Cefn-gwyn
Mr Daniel Jeffrey Price, Mrs Gertrude Price, Miss Mary Price, Mr William Price, Mr Wyndham Price, Miss Anne Price, Mr Cyril Price, Mr Ivor Price, Mr Glyn Price, Mr David Price, Mr Leslie Price, Mr Dennis Price.
Symud i Parkside, Pen-pont, Sir Frycheiniog.

Cefncyrnog
Mr David Price, Mrs Elizabeth Price, Miss Mair Price, Mr William Rees Price.
Symud i Banc-y-ffynnon, Capel Isaac, Sir Gaerfyrddin.

Lanfraith
Mr William Pritchard, Mrs Grace Pritchard, Miss Sally Pritchard, Mr Eifion Pritchard.
Symud i Glanant, Garthbrengi, Sir Frycheiniog.

Tir-bach
Mr William Price, Mrs Joan Price.
Symud i Pen-yr-ynys, Crai, Aberhonddu, Sir Frycheiniog.

Gythane
Mr Thomas Price, Mrs Gwen Price, Mr Bertie Price, Miss Gwen Price.
Symud i Tŷ-isaf, Pengenffordd, Talgarth, Sir Frycheiniog.

Y Byngalo
Mr Rees Williams, Mrs Mary Williams.
Symud i Garregfechan Villa, Porth-y-rhyd, Sir Gaerfyrddin.

Plwyf Penbuallt

Cross Inn Cottage
Mr John Jones, Mrs Emma Jones, Mr Graham Jones, Mr Kenneth Jones.
Symud i Cae-mawr, Llanddulas, Sir Frycheiniog.

Ffynnon Dafydd Bifan
Mr William Jones, Mrs Mary Jones, Mrs Janet Edwards, Mr John Rees Jones, Mr Eric Jones, Mr Elwyn Jones.
Symud i Cynarth, Gwernogle, Sir Gaerfyrddin.

Plwyf Maesmynys

Ffrwd-wen
Mr Rees Jones, Mrs Joan Jones, Mr Gwyn Jones, Mr Daniel Jones, Mr Afan Jones, Miss Megan Jones, Miss Myfanwy Jones.
Symud i Gamrhiw, Llanwrthwl, Sir Faesyfed.

Drovers' Arms neu Tynymynydd
Mrs Caroline Evans, Mr Jack Evans.
Symud i Sychnant, Capel Uchaf, Sir Frycheiniog.

Plwyf Merthyr Cynog

Llawrdolau
Mr David Evan Pritchard, Mrs Tegwydd Pritchard, Miss Edna Pritchard, Mr Ioan Pritchard, Mr Peter Pritchard.
Symud i Tynrhos, Capel Uchaf, Sir Frycheiniog.

Bwllfa-uchaf
Mr John Pritchard, Mrs Margaret Pritchard.
Symud i Glan-rhyd, Garth, Sir Frycheiniog.

Disgwylfa
Mr Thomas Thomas, Mrs Gwen Thomas, Miss Hilda Williams.
Symud i Llanbister, Sir Faesyfed.

Lion (neu Lion Fawr)
Mr John Jones, Mrs Gwladys Jones, Mr John Jones, Miss Mair Jones.
Symud i Tŷ Siop Teiliwr, Merthyr Cynog, Sir Frycheiniog.

Plwyf Llanfihangel Nant Brân

Blaenegnant-isaf
Mr Daniel Prytherch, Mrs Margaret Prytherch, Mr Daniel Prytherch, Mr William John Prytherch.
Symud i Tŷ-clyd, Llanfihangel Nant Brân, Sir Frycheiniog.

Ynys-hir
Mr John Williams, Mrs Annie Williams, Miss Mary Jones.
Symud i Hondda Villa, Llanddew, Sir Frycheiniog.

Maerdy
Mr John Lloyd, Miss Sally Price.
Symud i Blaendyrrin, Llanfihangel Nant Brân, Sir Frycheiniog.

Tir-cyd
Mr Benjamin Price, Mrs Ann Price, Mr Jack Price, Mr Islwyn Price, Mr William Price, Miss Annie May Price, Mr Dillwyn Price, Mr Evan Price.
Symud i Coedcaedu, Penderyn, Sir Frycheiniog.

Blaentalar
Mr John Pritchard, Mrs Lucy Pritchard, Miss Eirwen Pritchard, Mr Alan Pritchard, Miss Gwenllian Pritchard, Mr Ieuan Pritchard, Mr Garnet Pritchard.
Symud i Bryniorath, Llanfihangel Nant Brân, Sir Frycheiniog.

Dwy fferm arall y penderfynwyd eu prynu trwy raid yn 1940 oedd Gamrhiw yn y deorllewin a Chwmllaethdy ar yr ochr ddwyreiniol. Ond ni symudwyd i feddiannu'r gyntaf tan 1973 na'r ail tan 1966. Y rheswm am hyn, yn ôl Ronald G Church, oedd na fedrai cerbydau fynd i Gamrhiw, ac i gyrraedd Cwmllaethdy rhaid oedd mynd trwy fferm Mynachdy nes i ffordd gael ei hadeiladu o gyfeiriad y raens.

Pennod ddiddorol arall yn llyfr Ronald Davies yw honno lle ceir rhestr o ffermydd a bythynnod y gwyddai ef amdanynt ar yr Epynt a oedd eisoes yn anghyfannedd yn 1940. Mae'n cyfaddef nad yw'r rhestr yn gyfan a gwn fod Dr Stephen Briggs, y Comisiwn Brenhinol Henebion yng Nghymru, yn credu y dylid cael ymchwil manwl yn y maes hwn. Fel y dywed Ronald Davies, 'Does dim dwywaith nad oedd poblogaeth yr Epynt yn llawer mwy ganrif yn ôl nag oedd yn 1940.' Ofnaf nad oes lle yn y gyfrol hon i atgynhyrchu'r rhestr, sy'n cynnwys 81 o anheddau.

Cefais ganiatâd Asiant Tiroedd y Weinyddiaeth Amddiffyn yn Aberhonddu i archwilio'r dogfennau swyddogol oedd yn cofnodi cytundebau trosglwyddo'r ffermydd. Dyma'r corff sy'n gyfrifol am brynu ac am werthu tir dros y llywodraeth a'r awdurdodau milwrol, ac am yr adeiladau ar yr Epynt, gan gynnwys ailgodi ffermydd at ddefnydd y fyddin. Yn y cytundebau ceir gwybodaeth fanwl am bob fferm a thyddyn a brynwyd, pryd y gwnaed y cytundeb, nifer yr erwau a'r pris a dalwyd. Yma gellir olrhain pwy oedd yn berchen ei fferm ei hun, pwy oedd yn denant, pwy oedd yn landlord, a hefyd pa ffermydd y prynwyd y cyfan o'u tiroedd, ac na orfodwyd eu teuluoedd i ymadael. Enghreifftiau o ffermydd y dygwyd rhannau ohonynt yw: Cynala-uchaf, Mynachdy, Login, Tŷ-bach a Sychnant.

Ffermydd a brynwyd yn gyfan oddi ar 1940 yw Brynffo (1988), Cefn Coch (1988), Aberebwll (1989) a Gledrydd (1988)—i gyd yn Nhirabad; a Maes-y-bwlch, ger Babel, Llanymddyfri (1987).

Dyddiwyd y trosglwyddiad cyfreithiol cyntaf 3 Awst 1940. Y fferm oedd Neuadd Fawr, Llandeilo'r Fân. Roedd iddi 50 erw o dir a thalwyd £1,525 amdani.

Enghraifft o ffermydd ym mherchenogaeth landlord yw'r gwerthiant yma:

> Purchase of land and premises known as Hirllwyn, Brynmeherin, Bwlchgwyn, Berth-ddu, Waunlwyd, Nantyrhebog, Blaenglyn, Ty'n-y-groes, Llandeilo'r Fân. To: G C Pryce-Rice, £6,800. 25th August 1942. 1,380 acres.

Atodiad B

Athrawon Cilieni rhwng 1902 ac 1914

Yng nghyfrol Rhys Davies, *Cefnarthen-y comin, y capel a'r ysgol*, ceir rhestr o athrawon ysgol Cilieni rhwng 1902 ac 1914:

Athro	*Cyflogwyd*
Anne Littledale	25 Mehefin 1902
John Davies	28 Hydref 1902
H M Thomas	20 Rhagfyr 1902
Edith Arthur	5 Ionawr 1903
Hannah Price	6 Ebrill 1903
E H Llewellyn	3 Mehefin 1907
Margaret Harrison	4 Tachwedd 1908
Margaret Brown	10 Ionawr 1910
Anne Owen	12 Mehefin 1911
Rosina Williams	25 Ebrill 1912
Gwenllian Morgan	10 Chwefror 1914

Atodiad C

GILFACHYRHAIDD

Particulars of Tenant Right Claims including Disturbance on behalf of Mr G. H. Evans, Owner-Occupier.

Usual Tenant Right under the Act and Custom of the County.

	£. s. d.
Dipping Tub as erected	5. 0. 0.
FARMYARD MANURE:-	
(a) in heaps on yard	
(b) hauled out and spread on No 334.	20. 11. 0.
TEMPORARY PASTURE:-	
Nos 450, 253, pt254, 336.	18. 7. 0.
FENCES:-	
337/338 wirefence erected 1935 170 yds.	5. 13. 0.
PLOUGHING:-	
pt 333 1 acre	4. 0. 0.
pt 727 3 acres sward	
Unexhausted Value of Artificial Manures and Lime as per Vouchers	11. 10. 3.
Unexhausted Value of Feeding stuffs (2 years)	3. 0. 0.
	68. 1. 3.
CLAIM FOR DISTURBANCE:-	
2 years on an assessed rental Value of £47 per annum	94. 0. 0.
	162. 1. 3.
Claim for the Freehold of the Farm together with its Mountain rights also Quarry and some Plantations. Area 78½ acres. Titherannuity £2. 7. 8. p.a.	£1100. 0. 0.

May 15 1940.

Llyfryddiaeth

Ronald G Church, *Sennybridge Training Area 1940-1990* (Caerdydd).
Ceinwen Davies, *Social History in Powys: Life on the Epynt* (Planning Information Service, Powys County Council, 1977).
Pennar Davies, *John Penry* (Llundain, 1961).
Ronald Davies, *Epynt Without People . . . and Much More* (Talybont, 1971).
Rhys Davies, *Cefnarthen-y comin, y capel a'r ysgol* (Abertawe, 1983).
Tom ac Aeron Davies, *Beirdd y Fan* (Llandrindod, 1992).
Gwynfor Evans, *Bywyd Cymro* (Caernarfon, 1982).
Fay Godwin and Shirley Toulson, *The Drovers' Roads of Wales* (Llundain, 1994).
Garth Madryn Writers, *Gathered Gold* (Aberhonddu, 1995).
H A Hodges, 'Over the Distant Hills: Thoughts on Williams Pantycelyn', *Brycheiniog* (XVII, 1976-77).
Philip Gwyn Hughes, *Wales and the Drovers* (Golden Grove, 1988).
R T Jenkins, *Y Ffordd yng Nghymru* (Wrecsam, 1933).
Kilsby Jones, *Holl Weithiau Prydyddol a Rhyddieithol y diweddar Barch William Williams, Pant-y-celyn* (Llundain, 1867).
R Tudur Jones, 'John Penri 1563-1593', *Cof Cenedl VIII* (Llandysul, 1993).
Theophilus Jones, *History of Brecknockshire* (Aberhonddu, 1898).
J Jones-Davies, 'Epynt Without People', *Brecon & Radnor Express* (27 Ionawr-23 Mawrth, 1972).
Twm Morus, *Y Porthmyn Cymreig* (Abertawe, 1987).
H T McCormack, *Haunt of the Horse* (1966).
David Owen (Brutus), *Bugeiliaid Epynt* (gol Thomas Jones) (Caerdydd, 1950).
Parish Scrapbook Llanfihangel Nant Brân (1961).
F G Payne, *Crwydro Sir Faesyfed, cyf 1* (Abertawe, 1977).
Iorwerth C Peate, *Personau* (Dinbych, 1982).
Alwyn D Rees, *Life in a Welsh Countryside* (Caerdydd, 1951).
Reports of the Commissioners of Inquiry into the State of Education in Wales (Llundain, 1848).
Gomer Morgan Roberts, *Y Pêr Ganiedydd* [Pantycelyn], cyf II (Aberystwyth, 1958).
Ann Gruffydd Rhys, 'Colli Epynt', *Barn* (Gorffennaf/Awst, 1993).
Sennybridge and District Writers' Circle, *More Gathered Gold* (Aberhonddu, 1996).
Edwin C Smith, *Great Lion of Bechuanaland* (Llundain, 1957).
Angharad Thomas, 'Dysgu ac Ail Ddysgu', *Cristion* (Mawrth/Ebrill 1993).
Alun Llywelyn Williams, *Crwydro Brycheiniog* (Llandybïe, 1964).
The Trail of the Black Ox (Hockley, Essex).

Ymgynghorwyd â'r papurau, y cyfnodolion a'r cylchgronau a ganlyn: *Brecon & Radnor Express, The Welsh Nation, Y Ddraig Goch, Y Tyst, Y Dysgedydd, Y Goleuad, Y Faner, The Western Mail*, Llawlyfrau Henaduriaeth Brycheiniog.